Aesop's Fables

이솝우화

이솝우화

First edition: July 2009

TEL (02)2000-0515 | FAX (02)2271-0172

ISBN 978-89-17-23760-3

YBM Reading Library 는 ...

쉬운 영어로 문학 작품을 즐기면서 영어 실력을 크게 향상시킬 수 있도록 개발된 독해력 완성 프로젝트입니다. 전 세계 어린이와 청소년들에게 재미와 감동을 주는 세계의 명작을 이제 영어로 읽으세요. 원작에 보다 가까이 다가가는 재미와 명작의 깊이를 느낄 수 있을 거예요.

350 단어에서 1800 단어까지 6단계로 나누어져 있어 초·중·고 어느 수준에서나 자신이 좋아하는 스토리를 골라 읽을 수 있고, 눈에 쉽게 들어오는 기본 문장을 바탕으로 활용도가 높고 세련된 영어 표현을 구사하기 때문에 쉽게 읽으면서 영어의 맛을 느낄 수 있습니다. 상세한 해설과 흥미로운 학습 정보, 퀴즈 등이 곳곳에 숨어 있어 학습 효과를 더욱 높일 수 있습니다.

이야기의 분위기를 멋지게 재현해 주는 삽화를 보면서 재미있는 이야기를 읽고, 전문 성우들의 박진감 있는 연기로 스토리를 반복해서 듣다 보면 리스닝 실력까지 크게 향상됩니다.

세계의 명작을 읽는 재미와 영어 실력 완성의 기쁨을 마음껏 맛보고 싶다면, YBM Reading Library와 함께 지금 출발하세요!

YBM Reading Library

책을 읽기 전에 가볍게 워밍업을 한 다음, 재미있게 스토리를 읽고, 다 읽고 난 후 주요 구문과 리스닝까지 꼭꼭 다지는 3단계 리딩 전략! YBM Reading Library, 이렇게 활용하세요.

Before the Story

Words in the Story
스토리에 들어가기 전, 주요 단어를 맛보며 이야기의 분위기를 느껴 보세요~

The Girl and Her Bucket
아가씨와 우유 통

One morning, a young girl was going to market.
She carried a milk bucket on her head.
"This is good milk," she thought.
"I will sell the milk in the market.
With the money, I'll buy a hen.
The hen will lay eggs, and they will hatch.
Then I'll have many chicks. I'll feed them well.
And at Christmas, I'll sell the chickens.
With the money, I'll buy a lovely new dress.
And I'll wear it to church. [1]
★ All the young men will want to walk home with me.
But I'll not look at any of them, no!" [2]

In the Story

★ 스토리
재미있는 스토리를 읽어요. 잘 모른다고 멈추지 마세요. 한 페이지, 또는 한 chapter를 끝까지 읽으면서 흐름을 파악하세요.

□ bucket 통, 양동이   □ chicken 닭
□ hen 암탉   □ at this moment 바로 이때
□ lay 알을 낳다 (lay-laid-laid)   □ shake 흔들다
□ hatch (알이) 깨다, 부화하다   (shake-shook-shaken)
□ chick 병아리   □ count (수를) 세다
□ feed …에게 먹이를 주다   □ be hatched (알, 병아리가) 부화하다

★★ 단어 및 구문 설명
어려운 단어나 문장을 마주쳤을 때, 그 뜻이 알고 싶다면 여기를 보세요. 나중에 꼭 외우는 것은 기본이죠.

★★ 1 wear ... to church …을 입고 교회로 가다
And I'll wear it to church. 그리고 그림(= 드레스를) 입고 교회에 가야지.

2 not ... any of them 그들 중 아무도 …않다(= none of them)
But I'll not look at any of them, no!
하지만 아무도 쳐다보지 말아야지, 절대로!

68 • Aesop's Fables

★★★ 돌발 퀴즈
스토리를 잘 파악하고 있는지 궁금하면 돌발 퀴즈로 잠깐 확인해 보세요.

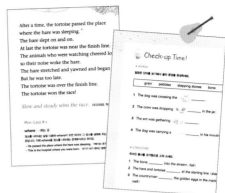

After a time, the tortoise passed the place
where the hare was sleeping.
The hare slept on and on.
At last the tortoise was near the finish line.
The animals who were watching cheered lo
so their noise woke the hare.
The hare stretched and yawned and began
But he was too late.
The tortoise was over the finish line.
The tortoise won the race!

Slow and steady wins the race. 느리더라도 꾸

Mini-Less * *

where: ~하는 곳

장소를 나타내는 말된 대용어 where가 오면 뒤에는 그 장소를 설명하는 주
문입니다. 이때 where를 장소를 나타내는 관계부사라고 하지요.
· He passed the place where the hare was sleeping. 거북이는 토끼
· This is the hospital where you were born. 여기가 네가 태어난 병원이

Check-up Time!

* WORDS

알맞은 단어를 보기에서 골라 문장을 완성하세요.

| grain | pebbles | stepping stones | bone |

1 The dog was crossing the _____
2 The crow was dropping _____ in the jar.
3 The ant was gathering _____
4 The dog was carrying a _____ in his mouth

* STRUCTURE

주어진 동사를 과거형으로 고쳐 쓰세요.

1 The bone _____ into the stream. (fall)
2 The hare and tortoise _____ at the starting line. (star
3 The countryman _____ the golden eggs in the mark (sell)

Mini-Lesson
너무나 중요해서 그냥 지나칠 수 없는
알짜 구문은 별도로 깊이 있게 배워요.

Check-up Time!
한 chapter를 다 읽은 후 어휘, 구문,
summary까지 확실하게 다져요.

Focus on Background
작품 뒤에 숨겨져 있는 흥미로운 이야기를
읽으세요. 상식까지 풍부해집니다.

At this moment, she shook her head.
Suddenly, she dropped the milk bucket!
The milk disappeared into the ground.
And her plans for eggs and chickens and a new dress
disappeared with the milk.

Don't count your chickens before they are hatched.
알이 깨기 전에 닭의 숫자를 세지 말라.

★ ★ ★   ❓ 아가씨의 우유 통이 땅에 떨어진 이유는?
        a. 아가씨가 고개를 흔들어서
        b. 아가씨의 발이 웅덩이에 차여서
        c. 닭이 울어서   ⓧ 정답요

Chapter 4 • 69

After the Story

Reading X-File 이야기 속에 등장했던
주요 구문을 재미있는 설명과 함께 다시 한번~

Listening X-File 영어 발음과 리스닝 실력을 함께
다져 주는 중요한 발음법칙을 살펴봐요.

MP3 Files
www.ybmbooksam.com에서 다운로드 하세요!

YBM Reading Library

이제 아름다운 이야기가 시작됩니다

Aesop's Fables

_ Before the Story

– In the Story

Chapter 1

Chapter 2

Aesop (BC 620?~BC 560?)

이솝은 …

이솝우화만큼이나 전설적인 인물이다. 이솝이 태어난 곳이나 시기, 그리고 어떻게 살았는지에 대해서 여러 가지 추측만 있기 때문이다. 그러나 그 추측들 중에서 그리스의 역사가 헤로도토스(Herodotos)가 말한, 기원전 6세기쯤 고대 그리스에 살았던 노예라는 추측이 가장 일반적으로 받아들여지고 있다.

헤로도토스에 따르면 이솝은 사모스(Samos)에 사는 그리스인 이아드몬(Iadmon)의 노예였으나, 이후 뛰어난 말솜씨와 기지로 노예 신분에서 해방되었다. 실제로 이솝의 우화 중에는 자신이 노예로 등장하는 경우도 여러 번 있다. 비록 이솝에 대한 정확한 기록은 없지만, 이솝이 인간의 본성과 인간 세상의 일에 대해 날카로운 눈을 지니고 있었다는 것은 분명하다. 그의 뛰어난 지혜와 재치가 담겨진 이솝우화가 지금까지도 전 세계인에게 즐거움과 교훈을 주고 있기 때문이다.

Aesop's Fables
이솝우화는 …

동물이나 사물을 의인화하여 교훈적인 내용을 비유적으로 나타낸 이야기로, 그 모든 이야기가 이솝의 창작품은 아닌 것으로 알려져 있다. 이야기의 일부는 그리스와 여러 다른 나라에서 전해 내려오던 민담을 이솝이 정리한 것이며, 다른 일부분은 후대의 작가가 이야기를 덧붙여 완성한 것으로 추측되고 있다.

이솝우화에 나오는 이야기는 쉽고 재미있을 뿐 아니라 주로 동물을 주인공으로 하여 인간 생활에 필요한 주요 덕목을 가르쳐 주고 있다. 재능만 믿고 게을렀던 토끼와 거북이의 경주를 통해서는 성실의 중요성을, 마을사람들에게 거짓으로 늑대를 외쳤던 양치기 소년을 통해서는 정직의 중요성을, 늘 싸우기만 하는 세 아들에게 나뭇가지 다발을 꺾어보게 했던 아버지를 통해서는 우애와 협동의 중요성을 일러준다. 이러한 장점으로 인해 이솝우화는 지금도 많은 사람들의 한결같은 사랑을 받고 있다.

Words in the Story

서로 돕고 속이고 다투면서 살아가는 동물들의
세계로 여러분을 초대합니다.

cloud
구름

tortoise
거북

take a nap
낮잠 자다

hare
산토끼

road
길

grasshopper
베짱이

grain
곡식(낟알)

ant
개미

carry
나르다

roar
포효하다

lion
사자

mouse
생쥐

nibble
갉다

paw
앞발

net
그물

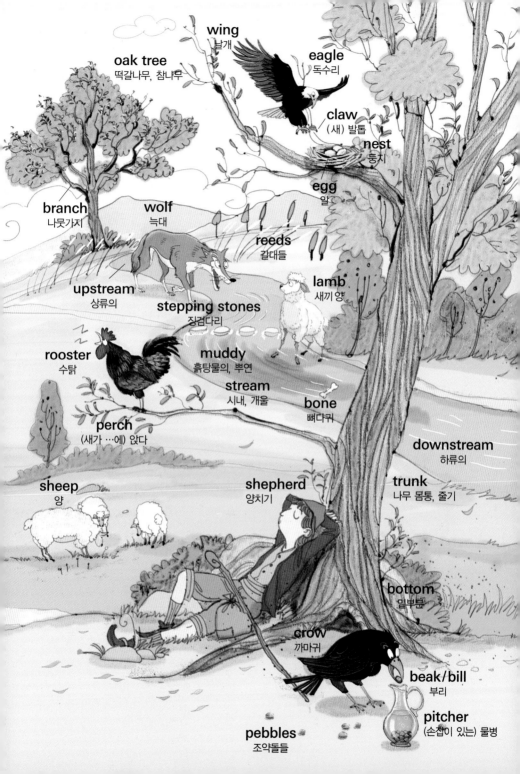

wing
날개

oak tree
떡갈나무, 참나무

eagle
독수리

claw
(새) 발톱

nest
둥지

egg
알

branch
나뭇가지

wolf
늑대

reeds
갈대들

lamb
새끼 양

upstream
상류의

stepping stones
징검다리

muddy
흙탕물의, 뿌연

rooster
수탉

stream
시내, 개울

bone
뼈다귀

perch
(새가 …에) 앉다

downstream
하류의

sheep
양

shepherd
양치기

trunk
나무 몸통, 줄기

bottom
밑부분

crow
까마귀

beak/bill
부리

pitcher
(손잡이 있는) 물병

pebbles
조약돌들

a Beautiful Invitation
– YBM Reading Library

Aesop's Fables

Aesop

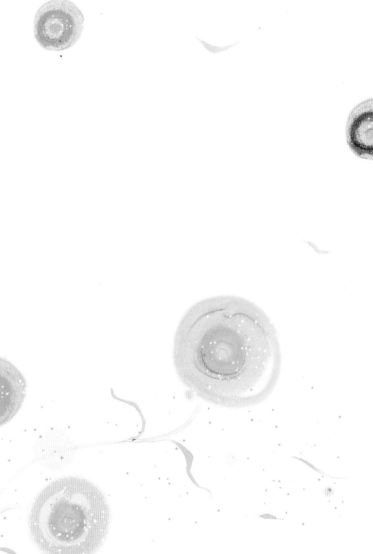

The Crow and the Pitcher

까마귀와 물병

One hot day, there was a crow that was very thirsty.
He found a pitcher with a little water in it.
The pitcher was tall and had a narrow neck.
He put his beak into the pitcher
but he could not reach the water.
"What shall I do?" thought the crow. [1]
"I'll think and think!"
Then an idea came to him. [2]

☐ crow 까마귀	☐ pick up …을 줍다
☐ pitcher 물병	☐ pebble 조약돌, 자갈
☐ thirsty 목마른, 갈증 난	☐ plop 풍덩하는 소리
☐ narrow 좁은	☐ drop in …을 안에 떨어뜨리다
☐ neck (병의) 목	☐ at last 마침내
☐ beak 부리(= bill)	☐ rise (물이) 차오르다
☐ reach …에 닿다	(rise-rose-risen)
☐ think 생각하다	☐ necessity 필요
(think-thought-thought)	☐ invention 발명

He picked up a pebble in his beak
and dropped it into the pitcher.
Plop! Plop!
He dropped in more pebbles.
At last the water rose high in the pitcher. * 액체를 담는 단지로 대개는 주전자처럼
손잡이가 달려 있답니다.
He was able to drink the cool water!

Necessity is the mother of invention.
필요는 발명의 어머니.

1 **shall I ...?** …할까?, …하면 좋을까?
   What shall I do?
   무엇을〔어떻게〕 하면 좋을까?

2 **come to** …에게 (생각이) 떠오르다
   Then an idea came to him.
   그러다가 좋은 생각이 떠올랐다.

The Dog and the Shadow

개와 그림자

Once, a dog was walking home
with a large bone in his mouth. [1]
On his way, he crossed
the stepping stones
in a little stream.
He stopped and
looked down
into the calm water.
To his surprise, [2]
there was another dog!
The other dog was also
carrying a bone.
And it seemed much
bigger than his bone.

- □ shadow 그림자
- □ once 한 때
- □ bone 뼈다귀
- □ on one's way …가 가는 길에, 도중에
- □ cross 건너다
- □ stepping stones 징검다리
- □ stream 개울, 시내
- □ look down into … 속을 내려다 보다
- □ calm 잔잔한

- □ carry 나르다
- □ greedy 욕심 많은
- □ grab 잡다
- □ fall 떨어지다 (fall-fell-fallen)
- □ with a splash 첨벙 소리를 내며
- □ disappear 사라지다
- □ run away 도망치다
- □ sadly 슬픈 마음으로
- □ foolish 어리석은

"Two bones are even better than one,"
thought the greedy dog.
He put his head down toward the water
and tried to grab the other bone.
But when his mouth opened,
his bone fell into the stream with a splash.
Then the other dog disappeared!
"That greedy dog has run away with my bone,"
he thought.
He went sadly on his way.

It is foolish to be greedy. 욕심을 부리는 것은 어리석다.

---

1 **with a large bone in his mouth** 입에 커다란 뼈다귀를 물고
Once, a dog was walking home with a large bone in his mouth.
한 때, 개 한 마리가 입에 커다란 뼈다귀를 물고 집으로 걸어가고 있었다.

2 **to one's surprise** (…가) 놀랍게도
To his surprise, there was another dog!
놀랍게도 또 다른 개 한 마리가 있었다!

Mini-Less☀n

much/even/far + 비교급: 훨씬 …한

'…보다 더 ~하다' 라고 두 사물을 비교할 때는 「비교급＋than」을 쓰지요? 그런데
비교를 강조해서 '훨씬(한층) 더 …하다' 라고 하고 싶을 때는 비교급 앞에 much,
even, far 등을 넣어주면 된답니다.

• It seemed much bigger than his bone. 그것은 자신의 뼈다귀보다 훨씬 더 커 보였다.
• Two bones are even better than one. 뼈다귀 하나보다 두 개가 훨씬 더 좋지.

The Ant and the Grasshopper

개미와 베짱이

One late summer day,

a grasshopper was dancing and singing,

when he saw an ant.* ant(개미)는 옛날에는 biter(무는 것)이라는 뜻이었다고 하네요.

The ant was gathering and storing grain.

"Why do you work so hard? Come and play with me,"

said the grasshopper. "It's such a beautiful day." [1]

"I am storing food for the winter," said the ant.

"I think you should do the same."

□ ant 개미
□ grasshopper 베짱이, 메뚜기
□ late summer 늦여름
□ gather 모으다
□ store 저장하다
□ grain 곡식; 곡식 낟알

□ beautiful 화창한
□ for the winter 겨울을 대비하여
□ do the same 똑같은 것(일)을 하다
□ plenty of 많은
□ in disgust 역겹다는 듯이
□ continue to+동사원형 계속해서 …하다

"Why do you think about winter?" said the grasshopper.
"We have plenty of food now."
The grasshopper continued to dance and sing
and the ant continued its work.

When winter came, the grasshopper had no food
and began dying of hunger. [2]
He went to the ant's house and asked,
"Can I have some food? I'm starving."
"You danced last summer," said the ants in disgust.
"You can continue to dance."
And they gave him no food.

Always be prepared for hard times.
항상 어려울 때를 대비하라.

 겨울에 베짱이가 개미 집을 찾아갔을 때
개미들은 어떻게 대해 주었나요?
a. 친절하게
b. 역겹다는 듯이
c. 슬프게

---

1 **such a + 형용사(A) + 명사(B)** 정말 (너무나도) A한 B
   It's such a beautiful day. 정말 화창한 날이잖아.

2 **die of + 명사(병, 굶주림, 노령)** …때문에 죽다
   The grasshopper had no food and began dying of hunger.
   베짱이는 먹을 음식이 없어서 배고파 죽을 지경이 되었다.

The Goose with the Golden Eggs

황금알을 낳는 거위

One day, a countryman found a shiny, yellow egg
in his goose's nest.
The egg was pure gold.
"How can this be?" he said.
The next morning, he hurried to the nest
and found another golden egg.
Every morning the same thing happened.
The countryman sold them in the market
and became rich.

□ golden 황금빛의
□ countryman 시골 사람
□ shiny 반짝반짝 빛나는
□ nest 둥지
□ pure gold 순금

□ sell 팔다 (sell-sold-sold)
□ greedy 욕심을 부리는
□ imagine 상상하다
□ precious 소중한
□ lose 잃다 (lose-lost-lost)

1 **be full of** …로 가득하다
He imagined the goose was full of gold inside.
그는 거위 몸 안이 황금으로 가득하다고 상상했다.

2 **at once** 즉시, 한꺼번에
He decided to kill it and get all the gold at once.
그는 거위를 죽여서 황금을 한꺼번에 얻어야겠다고 결심했다.

As he grew rich,[*]
he grew greedy.
He imagined the goose was full of [1]
gold inside.
He decided to kill it and get
all the gold at once. [2]
But when he cut it open,
he found nothing.
And his precious goose
was dead.

Much wants more and loses all.
많은 것은 더 많은 것을 원하며, 그리하여 전부를 잃게 된다.

Mini-Less✺n

as : …함에 따라, …할수록

as는 접속사로 '…함에 따라, …할수록' 이라는 비례의 의미를 담을 때가 있어요.
이 경우 비교급과 함께 잘 쓰인답니다.

• As he grew rich, he grew greedy. 그는 부자가 됨에 따라 욕심이 많아졌다.
• As we go north, the weather got colder. 우리가 북쪽으로 갈수록 날씨가 추워졌다.

The Hare and the Tortoise

토끼와 거북이

Once upon a time, there was a hare
who always boasted about his speed.
And he made fun of the tortoise
for being so slow. [1]
Then one day, the
angry tortoise
answered back,
"You may be swift
like the wind,"
said the tortoise.
"But even you
can be beaten."

□ hare 산토끼
□ tortoise (육지나 민물에 사는) 거북
□ once upon a time 옛날에
□ boast about …에 대해 자랑하다
□ answer back 말대꾸하다
□ swift 빠른
□ beaten (경기에서) 진, 패배한
□ race 경주; …와 경주하다

□ beat …을 이기다
□ prove …을 증명하다
□ stand 서다 (stand-stood-stood)
□ starting line 출발선
□ mark 표시하다
□ finish line 결승선
□ at dawn 새벽에
□ yawn 하품하다

The hare laughed. "Beaten in a race?
I'm the fastest. Nobody can beat me."
The tortoise said, "I can. I'll race you to prove it."
The hare was amused at the idea of running a race [2]
with the tortoise, but he agreed.
They planned the starting line for the course.
Then they marked the finish line.

The next day at dawn,
the hare and the tortoise stood at the starting line.
The hare yawned sleepily.
All the animals in the forest gathered to watch.

[1] **make fun of A for B** A가 B하다고 놀리다
And he made fun of tortoise for being so slow.
그리고 그(= 토끼)는 거북이 보고 참 느리다고 놀렸다.

[2] **be amused at** …가 웃기다
The hare was amused at the idea of running a race
with the tortoise.
토끼는 거북이와 경주를 한다는 생각이 웃겼다.

? 토끼와 거북이의 경주를 먼저 제안한 동물은?
a. 토끼
b. 거북
c. 숲 속의 동물들   q.팀&

The race started.

The hare soon left the tortoise far behind. [1]

Once he reached the midway mark, he slowed down.

Then he stopped and looked back at the tortoise.

"That tortoise will never catch me," he thought.

"There is plenty of time to relax."

He lay down and took a nap.

But the tortoise continued walking. [2]

He never stopped.

□ midway mark 중간 지점
□ slow down 속도를 늦추다
□ catch 따라잡다
　(catch-caught-caught)
□ relax 쉬다

□ lie down 드러눕다 (lie-lay-lain)
□ take a nap 낮잠을 자다
□ on and on 계속해서
□ cheer …을 환호하여 맞이하다
□ steady 꾸준한

[1] **leave ... far behind** …을 멀찌감치 따돌리다
The hare soon left the tortoise far behind.
토끼는 곧 거북이를 멀찌감치 따돌렸다.

[2] **continue + ...ing** 계속 …하다
But the tortoise continued walking.　그러나 거북이는 계속 걸었다.

After a time, the tortoise passed the place
where the hare was sleeping. ☀
The hare slept on and on.
At last the tortoise was near the finish line.
The animals who were watching cheered loudly,
so their noise woke the hare.
The hare stretched and yawned and began to run again.
But he was too late.
The tortoise was over the finish line.
The tortoise won the race!

Slow and steady wins the race. 더디더라도 착실히 하면 이긴다.

Mini-Less☀n

where: …하는 곳

장소를 나타내는 낱말 다음에 where이 오면 뒤이어 그 장소를 설명해 주는 말이
온답니다. 이때 where을 장소를 나타내는 관계부사라고 하지요.

• He passed the place where the hare was sleeping. 거북이는 토끼가 자고 있는 곳을 지나쳤다.
• This is the hospital where you were born. 여기가 네가 태어난 병원이다.

Check-up Time!

● WORDS

알맞은 단어를 보기에서 골라 문장을 완성하세요.

grain	pebbles	stepping stones	bone

1 The dog was crossing the _____ .

2 The crow was dropping _____ in the jar.

3 The ant was gathering _____ .

4 The dog was carrying a _____ in his mouth.

● STRUCTURE

주어진 동사를 과거형으로 고쳐 쓰세요.

1 The bone _____ into the stream. (fall)

2 The hare and tortoise _____ at the starting line. (stand)

3 The countryman _____ the golden eggs in the market. (sell)

ANSWERS

Words | 1. stepping stones 2. pebbles 3. grain 4. bone
Structure | 1. fell 2. stood 3. sold

다음은 누가 한 말일까요? 서로 짝을 지으세요.

1 "I'll think and think!" a.

2 "Two bones are better than one." b.

3 "I am storing food for the winter." c.

4 "That tortoise will never catch me." d.

● SUMMARY

빈 칸에 맞는 말을 골라 이야기를 완성하세요.

A countryman found a (   ) egg in the goose's net. It was gold. The countryman sold gold in the market and became (   ). But he became greedy and imagined the goose was (   ) of gold inside. But when he cut it open, he found nothing. And his (   ) goose was dead.

a. rich   b. precious
c. yellow   d. full

ANSWERS

Comprehension | 1. c 2. a 3. b 4. d   Summary | c, a, d, b

The Fox and the Grapes
여우와 포도

One hot summer day,

a fox was walking through a wood.

He saw a bunch of ripe grapes above his head.

He was thirsty and the grapes looked juicy and sweet.

"Oh, I am lucky!" he said.

"Those grapes will be much better [1]

than cool water on a hot day like this."

The grapes hung from a high branch

and the fox had to jump to reach them.

☐ a bunch of 한 송이의
☐ ripe 익은, 여문
☐ juicy 즙이 많은
☐ sweet 달콤한
☐ hang from …에 매달리다
   (hang-hung-hung)

☐ give up 포기하다, 그만두다
   (give-gave-given)
☐ waste 낭비하다, 허비하다
☐ for nothing 헛되이
☐ probably 아마도
☐ sour (맛이) 신

---

1 **much/even/far+비교급** 훨씬 더 …하다
   Those grapes will be much better than cool water on a hot day
   like this. 이런 더운 날에는 시원한 물보다 저런 포도가 훨씬 더 좋지.

2 **the first time+주어+동사** 처음으로 …가 ~할 때
   The first time he jumped, he missed.
   그(= 여우)가 처음 뛰어올랐을 때는 포도를 놓쳤다.

The first time he jumped, he missed. [2]
He tried again and again
but he could not reach the grapes.
Finally, he gave up and
sat down.
"I'm a fool," he said.
"I wasted all that effort
for nothing.
And those grapes
are probably sour!"

*It is easy to hate
the things you cannot
have.* ☀

가지지 못하는 것은 쉽게 싫어한다.

Mini-Less☀n

가짜 주어 it을 앞에 놓아주세요～

영어는 주어가 긴 것을 싫어합니다. 또한 간단한 것을 앞에 두고 싶어하죠. 그래서
To hate the things you cannot have **is easy.** 같이 주어가 긴 경우 이를 뒤로 빼고,
그 자리에 가주어 it을 넣는답니다.

• It **is easy** to hate the things you cannot have. 가지지 못하는 것은 쉽게 싫어한다.
• It **is good** to eat fruit and vegetables every day. 과일과 야채를 매일 먹는 것이 좋다.

The Fox and the Stork

여우와 황새

Long ago,

the fox and the stork were good friends.

But the fox loved playing tricks.

One day, he told the stork,

"Please come over to my house for dinner.*"

The stork gladly accepted his invitation.

She arrived at the fox's house.

The fox served soup for dinner in flat dishes.

The fox could easily eat his soup.

But the stork could only put the end of her long

bill in her dish.

She could eat nothing.

She was hungry and angry.

*dinner는 보통 '저녁, 식사'로 알고 있지만 사실은 '하루 중 가장 주요한 식사'란 뜻이에요.

- □ stork 황새
- □ play tricks 장난을 치다
- □ gladly 기쁘게
- □ accept 받아들이다
- □ invitation 초대
- □ serve (음식을) 내오다
- □ flat 얇은, 평평한 모양의
- □ dish 접시
- □ bill (새의) 부리
- □ invite A to B A를 B에 초대하다
- □ on time 정각에, 시간에 맞게
- □ delicious smelling 맛있는 냄새가 나는
- □ lick 핥다
- □ at the thought of …생각에
- □ fit …에 들어맞다, 맞추다
- □ snout (동물의) 주둥이
- □ bad turn 불친절한 행위
- □ deserve …을 받을 만하다

Not long after this, the stork invited the fox to dinner. [1]

The fox arrived at the stork's home on time.

She was preparing a delicious smelling fish dinner.

The fox licked his lips at the thought of such a tasty
meal.

But it was served in tall, slim jars.

The stork could easily eat the food with her long bill.

But the fox could not fit his snout inside the jar.

He just licked the outside of it.

One bad turn deserves another.
다른 사람에게 해를 끼치면 자기에게도 해가 돌아온다. → 준 대로 받는다.

---

[1] **not long after this** 이 일이 있고 얼마 안 있어
Not long after this, the stork invited the fox to dinner.
이 일이 있고 얼마 안 있어, 황새가 여우를 저녁 식사에 초대했다.

The Fox and the Crow

여우와 까마귀

One morning,
a fox saw a crow on a branch.
The crow had a fine piece of cheese [1]
in its beak.
"That will be good for my breakfast,"
thought the fox.
"And I know how to get it." [2]
He walked up to the foot of
the tree.
"Good morning,
Mistress Crow,"
he said.

- □ foot 밑부분, 발치
- □ Mistress (아가씨에 대한 존칭) …양
- □ feather 깃털
- □ bright 반짝반짝 빛나는
- □ figure 모습
- □ raise 들어올리다
- □ caw (까마귀가) 까악까악 울다
- □ loudly 시끄럽게
- □ ground 땅
- □ catch ... up …을 낚아채다
- □ swallow 삼키다
- □ flatterer 아첨꾼

"You look very lovely today!

Your feathers are shiny and your eyes are bright.

I'm sure your voice is as beautiful as your figure. ☀

Please sing for me!"

The crow raised her head and began to caw loudly.

But when she opened her mouth,

the piece of cheese fell to the ground.

The fox quickly caught it up and swallowed it.

"Delicious!" he said. "You are very beautiful,

but not very smart."

Do not trust the words of flatterers. 아첨꾼의 말은 믿지 말라.

---

1 **a piece of** 한 조각(덩어리)의
The crow had a fine piece of cheese in its beak.
까마귀는 부리에 좋은 치즈 한 덩어리를 물고 있었다.

2 **how to + 동사원형** …하는 방법
And I know how to get it. 그리고 그것을 차지하는 방법을 나는 알지.

Mini-Less☀n

See p.96

as + 형용사(A) + as + 명사(B): B만큼 A한

어떤 대상을 묘사할 때 '…만큼 ~하다' 라고 비교를 해주면 더 기억에 남겠죠?
그런 표현이 바로 「as + 형용사 + as + 명사」랍니다.

- I'm sure your voice is as beautiful as your figure.
  당신 목소리도 당신 생김새만큼 아름다울 것이라고 생각하는데.
- Her teeth are as white as snow. 그녀의 치아는 눈처럼 새하얗다.

Belling the Cat

고양이 목에 방울 달기

Once upon a time,

there was a very vicious cat.

He caught mouse after mouse and ate them. [1]

Something had to be done!

So the mice decided to have a meeting.

Some said this, and some said that.

□ bell …에 방울을 달다; 방울
□ vicious 심술궂은, 사나운
□ mouse 생쥐 (복수형은 mice)
□ hang 달다
□ applaud 적극 찬성하다, 환호하다
□ proposal 제안
□ celebrate 축하하다

□ good fortune 행운
□ stand up 일어서다
 (stand-stood-stood)
□ one another 서로
□ propose 제안하다
□ impossible 불가능한
□ remedy 개선책, 구제책

At last a very young mouse spoke.

"I have a plan," he said. "It's very simple.

We'll hang a bell around the cat's neck.

When we hear the bell ringing, ☀

we'll know the cat is coming."

All the mice applauded this proposal.

They were very excited and began to celebrate

their good fortune.

Then a wise old mouse stood up and said,

"The young mouse's plan is very good.

But who will hang the bell on the cat's neck?"

The mice looked at one another and nobody spoke.

It is easy to propose impossible remedies.
불가능한 개선책을 제안하기는 쉽다.

---

1 **mouse after mouse** 쥐들을 차례차례로
He caught mouse after mouse and ate them.
고양이는 쥐들을 차례차례로 잡아 먹었다.

Mini-Less ☀ n

See p.97

hear + 목적어(A) + ...ing/동사원형(B): A가 B하는 소리를 듣다
hear 다음에 목적어가 오고 목적보어로 동사가 올 경우, 그 동사는 동사원형이나
...ing형이 되어야 한답니다. hear 외에 see, watch, smell, feel도 여기에 해당된답니다.

• When we hear the bell ringing, we'll know the cat is coming.
  고양이 방울 소리가 들리면 고양이가 오는 걸 알 수 있잖아요.
• I saw two men cut down a tall tree. 나는 두 남자가 큰 나무를 베어 넘어뜨리는 것을 보았다.

The Frogs and the Ox

개구리와 황소

An ox came down to the pond.

Accidentally he squashed a family of young frogs with his feet.

All except one were dead. [1]

The lucky little frog quickly ran to tell his mother the dreadful news.

"Mother, Mother!" he cried.

"A big monster stepped on my brothers with its huge feet."

"A big monster?" said the mother frog.

She puffed herself up.

"Was it as big as this?"

"No, much bigger!" cried the little frog.

The mother frog puffed up even bigger.

"Well, was it this big?" she said.

□ frog 개구리
□ ox 황소
□ pond 연못
□ accidentally 우연히, 사고로
□ squash 짓눌러 뭉그러뜨리다
□ except …을 제외하고

□ dreadful 끔찍한
□ step on …을 밟다
□ puff oneself up …의 몸을 부풀리다
□ bigger and bigger 점점 더 크게
□ burst 터지다
□ attempt 시도하다

"No, he was bigger than that!" he cried.
The mother frog puffed herself up
bigger and bigger and bigger.
All at once, she burst! [2]

Do not attempt impossible things.
불가능한 것을 무리해서 하지 말라.

---

[1] **all except one** 하나만 제외하고 모두
All except one were dead. 한 마리만 제외하고 모두 죽었다.

[2] **all at once** 갑자기
All at once, she burst! 갑자기 엄마 개구리는 몸이 터지고 말았다!

The Dog, the Rooster, and the Fox 개와 수탉과 여우

A dog and a rooster grew up together on a farm.
They were the best friends.
They both wanted to see the world.
So one morning they left the farm.

□ rooster 수탉
□ grow up 자라다
□ travel 여행하다
□ all day 하루 종일
□ through the woods 숲을 통과하여
□ look for 찾다

□ hollow 속이 텅 빈
□ safe 안전한
□ hole 구멍
□ trunk (나무의) 몸통, 줄기
□ perch on (새가) …에 앉다
□ fast asleep 곤히 잠든

Mini-Less☼n

주격 관계대명사 that

Soon they found a hollow tree that looked safe.(그들은 곧 안전해 보이는 속이 빈 나무를 발견했다.)에서 that 이하는 a hollow tree를 설명해 주고 있어요. 이때 that은 tree를 대신하며, 동사 looked의 주어 역할을 하기 때문에 주격 관계대명사라고 한답니다.

• The noise woke a fox that lived nearby. 그 시끄러운 소리는 근처에 사는 여우를 깨웠다.

They traveled all day through the woods.
That night they began looking for a place to sleep.
Soon they found a hollow tree that looked safe. ☀
The dog went inside the hole in the tree's trunk.
The rooster perched on a branch.
Soon they were both fast asleep.

When dawn came, the rooster woke.

As usual, he crowed very loudly.

The noise woke a fox that lived nearby.

The fox thought that a rooster would make a tasty breakfast.

He hurried to the tree where the rooster perched.

"Welcome to our woods," he said.

"I am so glad to see you. You have a wonderful voice. Let's be friends."

"Oh, yes," said the rooster.

"Please go to the hole in the bottom of the tree. My servant will let you in." [1]

- □ dawn 새벽
- □ wake 잠에서 깨다
  (wake-woke-woken)
- □ as usual 평소처럼
- □ crow (수탉이) 울다
- □ nearby 근처에 있는

- □ make a tasty breakfast 맛있는 아침거리가 되다
- □ welcome to ⋯에 온 것을 환영합니다
- □ servant 하인
- □ jump up ⋯에 달려들다
- □ bite 물다 (bite-bit-bitten)
- □ fool 속이다

---

1 let ... in ⋯을 들여 보내다
  My servant will let you in.
  내 하인이 널 들어보내 줄 거야.

2 as + 주어 + told ⋯가 말한 대로, 시킨 대로
  The hungry fox did as the rooster told him.
  배고픈 여우는 수탉이 시킨 대로 했다.

The hungry fox did
as the rooster told him. [2]
He put his head into
the hole.
And the dog quickly
jumped up and bit him.

If you try to fool others,
you may be fooled.
다른 사람을 속이려다 자신이 속고 만다.

Check-up Time!

● **WORDS**

알맞은 단어를 보기에서 골라 문장을 완성하세요.

vicious	dreadful	slim	tasty	ripe

1 One day, a fox saw a bunch of _____ grapes.

2 There was a _____ cat and it ate mouse after mouse.

3 The little frog ran to tell his mother the _____ news.

4 The stork served fish in _____ jars.

5 The fox licked his lips at the thought of a _____ meal.

● **STRUCTURE**

빈 칸에 알맞은 단어를 골라 문장을 완성하세요.

1 I'm sure your voice is as beautiful _____ your figure.

    a. to   b. as   c. for

2 A big monster stepped on my brothers _____ its huge feet.

    a. with   b. of   c. for

3 The fox said to the crow, "Welcome _____ our woods!"

    a. up   b. off   c. to

본문의 내용과 일치하면 T, 일치하지 않으면 F에 표시하세요.

1 The stork loved playing tricks. ☐T ☐F

2 The crow had a fine piece of cheese in its beak. ☐T ☐F

3 The ox squashed all of the family of the frogs. ☐T ☐F

4 The dog slept in the bottom of the tree. ☐T ☐F

• SUMMARY

빈 칸에 맞는 말을 골라 이야기를 완성하세요.

Long ago, the fox and the stork were good (   ). One day the fox invited the stork and served soup in flat (   ). The stork was angry. After this, the stork invited the fox and served a delicious smelling (   ) dinner. The fox could not fit his (   ) inside the jar.

a. dishes

b. snout

c. fish

d. friends

ANSWERS

Aesop's Quick Wit 이솝의 재치

Aesop was taken to an open market in Samos to be sold.
With him were a Musician and an Orator. Xanthus, a famous
philosopher, met them there. He asked the Musician and
the Orator what they could do.

"Anything," replied one.

"Everything," said the other.

Then Xanthus asked Aesop the same
question.

"Nothing," replied Aesop.

"Why?" asked Xanthus.

"My companions do everything," said Aesop, "so there's
nothing left for me to do."

"Well!" he said, "if I buy you, will you be good and honest?"

"I'll be that," said Aesop, "whether you buy me or not."

"But won't you run away?" said Xanthus.

"Would a bird in a cage tell his master that he planned to
escape?" asked Aesop.

Xanthus was very pleased with Aesop's quick wit, so he
purchased Aesop and took him home.

이솝은 사모스의 한 노예 시장에 팔려 나와 있었다. 음악가와 웅변가도 같이 나와
있었다. 유명한 철학자인 크산투스가 이들을 보게 되었다. 그는 음악가와 웅변가에게
무엇을 할 줄 아냐고 물었다.

한 사람은 "아무 거나요."라고 대답했고, 다른 사람은 "무엇이든지요."라고 대답했다.
그러자 크산투스는 이솝에게 같은 질문을 했다. 이솝은 "아무 것도 못해요."라고
대답했다. 크산투스가 "이유는?" 하고 묻자 이솝은 "제 동료들이 다 하니 저는 할 게
없잖아요."라고 했다.

크산투스는 "음, 그럼 내가 너를 사면 착하고 정직하게 살겠다고 약속할 수
있느냐?"라고 물었다. 이솝은 "저를 사시거나 아니거나 전 그렇게 살
거예요."라고 답했다.

크산투스는 "하지만 도망치지 않을 거냐?"고 물었고, 이솝은 "새장
속의 새가 주인에게 도망갈 생각이라고 하는 것을 들어
보셨어요?"라고 대답했다.

크산투스는 이솝의 재치가 매우 마음에 들어서 그를 사서 집으로
데려갔다.

The Lion and the Mouse

사자와 생쥐

One day, a lion was sleeping in the forest.

A little mouse ran up and down on the lion's back. [1]

The lion woke up and caught the little mouse

in his paw.

"Oh, lion," begged the poor mouse. "Please forgive*

me this one time. Some day I'll help you."

forgive(용서하다)는
for-(완전히)+-give(주다)에서
왔다고 하네요.

The lion laughed.

How could a mouse help a strong animal like him? [2]

But he let the mouse go. ☀

---

1 **run up and down on** …위를 오르락내리락거리다
A little mouse ran up and down on the lion's back.
조그만 생쥐 한 마리가 사자 등 위를 오르락내리락거렸다.

2 **How could + 주어(A) + 동사원형(B) …?** 어떻게 A가 B할 수 있겠는가?
How could a mouse help a strong animal like him?
어떻게 생쥐가 사자처럼 힘센 동물을 도와줄 수 있겠는가?

Some days later,
the lion was caught in a hunter's net.
He struggled to free himself. He roared angrily.
The mouse heard the loud noise
and knew it was the lion.
She raced toward the sound and began to nibble
the ropes of the net.
Soon the lion was free!
"See," said the little mouse.
"Even a mouse can help a lion."

A kindness is never wasted.
친절을 베풀면 보답받는다.

□ lion 사자
□ wake up 깨어나다
  (wake-woke-woken)
□ paw (동물의) 발
□ beg 빌다, 애원하다
□ forgive 용서하다
□ this one time 이번 한 번만
□ some day (미래의) 언젠가

□ hunter 사냥꾼
□ net 그물
□ struggle to+동사원형 ···하려고 애쓰다
□ free oneself 빠져나오다, 벗어나다
□ roar 으르렁거리다
□ nibble (쥐가) 갉다
□ rope 밧줄
□ kindness 친절한 행동, 선행

Mini-Lesson

let + 목적어(A) + 동사원형(B): A가 B하는 것을 허락하다
동사 let은 '··· 뜻대로 ~하는 것을 허락하다'는 뜻을 가진 동사예요. let 다음에
목적어가 오고 그 뒤에는 동사원형이 온답니다.

• But he let the mouse go. 하지만 사자는 생쥐를 놓아주었다.
• Mom let us go out to play. 엄마는 우리가 밖에 나가 놀도록 해주셨다.

The Old Lion

늙은 사자

One day, an old lion thought
he was too tired to hunt for food.
But although he was old, he was clever.
He decided that he would invite his food
to come to him.
As he walked home, he told the animals [1]
that he was going to die.
The animals felt sorry for the lion.
One by one, they came to visit him in his den.
The goat came and stopped there for a long time.
Then a sheep went in and a calf.
Soon, the lion was fat and no longer tired.

□ tired 피곤한, 지친, 힘든
□ hunt for 사냥하다
□ although 비록 …이지만
□ clever 영리한
□ feel sorry for …을 안타깝게 생각하다,
　동정하다 (feel-felt-felt)

□ one by one 차례차례로
□ den 동굴
□ goat 염소
□ sheep 양
□ calf 송아지
□ no longer 더 이상 …않다

1 **as** …하면서, …할 때
　As he walked home, he told the animals that he was going to
　die. 그(= 사자)는 집으로 걸어오면서, 동물들에게 자기가 곧 죽을 것 같다고 말했다.

One day, a wise old fox came to the cave.
He waited outside for some time
before he called to the lion.
"Are you feeling better?" he asked.
"Is that you, Mr. Fox?" said the lion.
"Why don't you come inside? [1]
I'm too weak to come out to see you. ☀
I think I will die soon."
While the lion spoke, the fox looked carefully
at the ground in front of the cave.

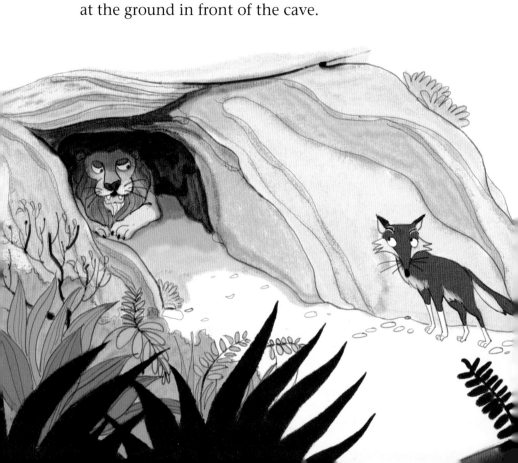

"No," said the fox, "I won't come in.
I see the steps of many animals going in
to your home.
But I see none coming out.
Until the other animals come out again
I will remain outside."

The wise are warned by the misfortunes of others. [2]

지혜로운 사람은 남의 불행을 보고 위험을 안다.

- [ ] cave 동굴
- [ ] call to …을 부르다
- [ ] carefully 자세히
- [ ] ground 땅
- [ ] in front of …앞에 있는
- [ ] step 발자국
- [ ] none 아무 것도 …않다
- [ ] remain 남아 있다
- [ ] be warned by …로 위험을 알다
- [ ] misfortune 불행

1 **Why don't you ...?** 왜 …하지 않니?, …하지 그래?
   Why don't you come inside? 왜 안으로 들어오지 않느냐?

2 **the wise** 현명한(지혜로운) 사람들 (the+형용사: …한 사람들)
   The wise are warned by the misfortunes of others.
   현명한 사람들은 남들의 불행을 보고 위험을 경고 받는다.

Mini-Less☼n

too+형용사/부사(A)+to+동사원형(B): 너무 A하여 B할 수 없다

'너무 …하여 ~할 수 없다, ~하기에는 너무 …하다' 라는 표현은
「too+형용사/부사+to+동사원형」을 쓰면 된답니다.

- I'm too weak to come out to see you. 나는 너무 힘이 없어서 밖에 나가서 너를 볼 수가 없구나.
- The old lion was too tired to hunt for food. 늙은 사자는 너무나 지쳐 먹이를 사냥할 수 없었다.

The Wolf and the Crane

늑대와 두루미

One day, a wolf was eating some meat
and a bone stuck in his throat.
He could not swallow it or cough it up.
So he ran to the crane.
She had a long neck and beak, so the wolf thought
she could easily pull the bone out.
"If you take the bone out for me," said the wolf.
"I'll give you anything." ☀
She agreed and told him to open his jaws wide.
Then she put her long beak down the wolf's throat.
At last she pulled out the bone.

- □ crane 두루미
- □ stick 걸리다 (stick-stuck-stuck)
- □ throat 목구멍
- □ swallow 삼키다
- □ cough ... up 기침을 하여 …을 뱉다
- □ pull(take) out …을 빼내다
- □ jaw 턱

- □ open ... wide …을 쫙 벌리다
- □ grin (이를 드러내며) 씩 웃다
- □ reward 보상, 사례
- □ content 만족하는
- □ in safety 무사히
- □ wicked 못된, 악한

---

1 **let + 목적어(A) + 동사원형(B)** A에게 B하도록 허락하다
  I let you take your head out of my mouth in safety.
  내 입에서 자네 머리가 무사히 나가도록 하지 않았나.

2 **the wicked** 못된 것들(사람들) (the + 형용사: …한 것들(사람들))
  Expect no reward for helping the wicked.
  악한 자를 도와주고는 보답을 기대하지 마라.

The wolf began to walk away.

"Hey!" called the crane. "What about my reward?"

The wolf grinned and showed his teeth and said,

"Be content. I let you take your head out of my [1]

mouth in safety.

Isn't that reward

enough?"

Expect no reward
for helping the
wicked. [2]

악한 자를 도와주고는
보답을 바라지 말라.

See p.98

Mini-Less⚬n

현재나 미래에 대한 가정은 어떻게 하지?

'만일 …라면 ~할 것이다' 라고 현재나 가까운 미래를 가정할 때는 어떻게 하면 될까요?

네, 「If + 주어 + 현재형 동사, 주어 + will / can / may + 동사원형」의 형태로 하면 된답니다.

• If you take the bone out for me, I'll give you anything. 이 뼈를 꺼내 준다면, 무엇이든지 줄게.

• If it is sunny tomorrow, we will go on a picnic. 내일 날이 맑으면, 우리는 소풍 갈 거야.

The Wolf and the Lamb

늑대와 어린 양

One evening, a stray lamb was drinking from a
stream at the foot of a hill.
A hungry wolf came to drink at the stream
up the hill and saw the lamb.
"There's my supper," he thought. "But I must find
some reason to eat the lamb."
"Hey!" he called to the lamb. "You are making the
water muddy. I'm going to punish you for it!" [1]
"But sir," said the lamb. "That's impossible,
because you are upstream and I am downstream.
And the water runs down from you to me."

"Well, then," said the wolf. "I heard that you told lies about me last year!"

"No, I didn't!" said the lamb. "I wasn't born then."

"I don't care," said the wolf. "If it wasn't you, it was your brother! So to punish him, I'll eat you!" And he rushed down the hill and seized the little lamb and ate her all up.

The bully can always find an excuse for his cruelty.
악한 자는 항상 악한 짓을 저지를 구실을 찾는다.

? 다음 중 늑대가 어린 양에게 한 말이 아닌 것은?
a. 네가 나에 대해 거짓말을 하고 다녔지?
b. 네가 시냇물을 흙탕물로 만들었지?
c. 네 형이 내 욕을 하고 다녔지?

정답 ㄱ

- □ lamb 어린(새끼) 양
- □ stray 길 잃은
- □ foot 산 기슭
- □ hill 언덕
- □ reason 이유, 핑계
- □ muddy (물이) 흐린, 뿌연
- □ upstream 상류에 있는
- □ downstream 하류에 있는
- □ tell a lie about …에 대해 거짓말하다
- □ born 태어난
- □ rush down …을 급하게 내려가다
- □ seize 잡다
- □ eat ... up …을 다 먹다
- □ bully 약자를 못살게 구는 자
- □ excuse 구실, 핑계
- □ cruelty 못된 행동

1 **punish A for B** A를 B라는 이유로 벌주다
"I'm going to punish you for it!"
"그 일로 너를 혼내야겠다!"

The Young Crab and His Mother

아기 게와 엄마 게

One day, a mother crab and her little son were
walking on the beach.

A mother crab was watching her young son walk. [1]

"Why do you walk sideways like that?" she asked.

"You should walk straight!"

The little crab tried to walk straight forward, [2]
but he failed.

"I don't know how, Mother," he said.

"Show me! I want to learn."

□ crab 게
□ beach 바닷가
□ sideways 옆으로
□ straight 똑바로
□ forward 앞으로
□ fail 실패하다

□ how 방법
□ trip 걸려 넘어지다
□ fall on one's face 얼굴 위로 넘어지다,
 엎어지다
□ action 행동
□ louder 더 크게

So the mother crab tried to walk forward,
but she walked sideways.
She tried and tried to walk forward
and could not do it.
She tripped and fell on her face.

Actions speak louder than words. 말보다 행동이 먼저.

1 **watch + 목적어(A) + 동사원형(B)** A가 B하는 것을 지켜보다
A mother crab was watching her young son walk.
엄마 게는 아들이 걷는 것을 지켜보고 있었다.

2 **try to + 동사원형** …하려고 (노력)하다
The little crab tried to walk straight forward.
아기 게는 똑바로 앞으로 걸으려고 했다.

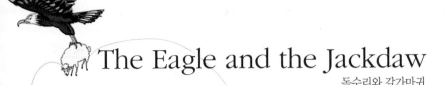

The Eagle and the Jackdaw

독수리와 갈가마귀

One day, an eagle saw
a young lamb in a meadow.
She flew down and seized
the lamb in her claws and flew away to her nest.
A jackdaw saw this and thought,
"I'm as strong as that eagle!
I'll have a sheep for my supper too."
So he came down on the back of a large sheep.
But when he tried to fly away again, he could not.
"This sheep is too heavy," he cried. "I'll choose
a small one, as the eagle did." [1]

Suddenly, he found that his claws were caught in [2]
the sheep's wool.
He tried to fly but could not escape from the
sheep's back.
The shepherd saw this and knew what's going on.
He caught the bird and cut its wings.
That evening he gave the jackdaw to his children.
"This is a very funny bird!" they said.
"What's the name of this bird, Father?"
"That is a jackdaw," said the shepherd,
"but he thinks he is an eagle."

Do not overestimate your powers.
자신의 능력을 과대평가하지 말라.

? 양치기가 자신의 아이들에게 준 것은?
┗ a. sheep   b. eagle   c. jackdaw   정답 ⊃

□ eagle 독수리
□ jackdaw 갈가마귀
□ meadow 초원, 목초지
□ claw (동물의) 갈고리 발톱

□ wool 양모
□ escape from …에서 빠져나가다
□ overestimate 과대평가하다
□ power 능력

---

[1] **as** (접속사) …처럼
"I'll choose a small one, as the eagle did."
"나도 저 독수리가 한 것처럼 작은 양을 골라야겠다."

[2] **be caught in** …에 걸리다(감기다)
Suddenly, he found that his claws were caught in the sheep's
wool. 갑자기 갈가마귀는 자신의 발톱이 양털에 걸린 것을 알게 되었다.

Check-up Time!

● WORDS

알맞은 단어를 보기에서 골라 문장을 완성하세요.

throat	paw	face	beak	claw

1 The lion caught the mouse in his _____.

2 The wolf ate meat and a bone stuck in his _____.

3 The crane had a long neck and _____.

4 The mother crab tripped and fell on her _____.

5 The jackdaw's _____ was caught in the sheep's wool.

● STRUCTURE

빈 칸에 Why, How, What 중 알맞은 것을 써 넣어 문장을 완성하세요.

1 _____ could a mouse help a strong lion?

2 _____ do you walk sideways like that?

3 _____ is the name of this bird?

4 _____ don't you come inside?

다음은 누가 한 말일까요? 기호를 써 넣으세요.

a.   b.   c.   d.

1 ____ "Please forgive me. Some day I'll help you."

2 ____ "I'm too weak to come out to see you."

3 ____ "If you take the bone out, I'll give you anything."

4 ____ "You are upstream, and I'm downstream."

● SUMMARY

빈 칸에 맞는 말을 골라 이야기를 완성하세요.

An eagle seized a young lamb and flew to her (   ). A jackdaw saw this and tried to get a large (   ). But he was caught in the sheep's (   ). The shepherd saw this and cut its wings and gave it to his (   ).

a. children   b. nest

c. sheep   d. wool

The Boy and the Peanuts

소년과 땅콩

One day, a boy saw some tasty peanuts in a jar.
They looked delicious and he was suddenly hungry.
"Mother," he said, "may I have some peanuts?" [1]
"Yes," she said, "but don't take too many."
The boy put his hand into the narrow neck of the jar
and took a big handful of peanuts. [2]
He tried to pull his hand out,
but the neck of the jar was too small.
He tried again and again
but he could not free his hand.
The boy began to cry.
"Son," said his mother, "open your hand
and drop some of the peanuts.
Then your hand will easily come out of the jar."

□ peanut 땅콩
□ tasty 맛있는 (= delicious)
□ jar 단지, 병
□ take 가져가다
□ too many 너무 많이
□ narrow 좁은
□ neck (병의) 목, 입구

□ pull ... out ⋯을 빼내다
□ free 자유롭게 하다
□ drop 떨어뜨리다
□ come out of ⋯로부터 빠져나오다
□ attempt 가지려고 하다
□ too much 너무 많이
□ at once 한번에

*Do not attempt
too much at once.*

한꺼번에 너무 많은 것을 가지려고 하지 말라.

? 소년이 운 이유는?

a. 엄마가 땅콩을 먹지 말라고 해서
b. 땅콩이 맛이 없어서
c. 단지에서 손을 뺄 수 없어서

정답은 c

1 **May I have some ...?** …을 좀 먹어도(가져도) 되나요?

"Mother," he said, "may I have some peanuts?"

소년이 물었다. "엄마, 땅콩 좀 먹어도 되나요?"

2 **a handful of** 한 움큼의

The boy put his hand into the narrow neck of the jar and
took a big handful of peanuts.

소년은 한 손을 단지의 좁은 목 안으로 집어넣고서 한 움큼의 땅콩을 집었다.

The Shepherd Boy
and the Wolf

양치기 소년과 늑대

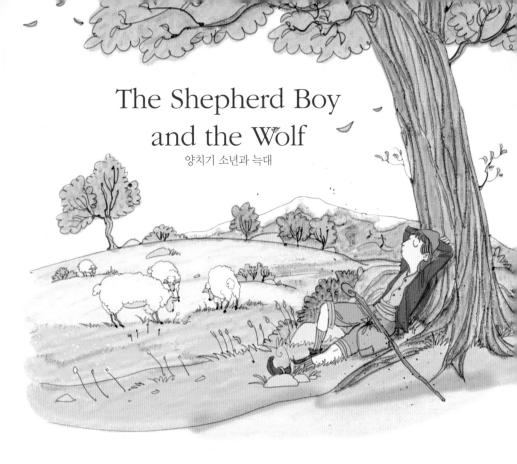

Once upon a time,

★ sheep(양)+herder(목동)→shepherd(양치기)가 탄생되었어요.

a shepherd boy watched the village sheep

at the foot of a mountain near a dark forest.

It was a lonely time for him. He was often bored.

One day, he thought of a plan.

He would play a trick on the village people.

He began running toward the village.

And he shouted, "Wolf! Wolf!

There was a wolf here!"

The villagers ran toward the mountain.

When they got there, they found no wolf.

Only the shepherd boy was laughing at the sight of [1]
their angry faces.

"Don't cry wolf, shepherd boy," said the villagers,
"when there's no wolf!"

They went back down to the village.

A few days later, the shepherd boy shouted again,

"Wolf! Wolf! The wolf is chasing the sheep!"

As before, the villagers ran to help him.

But the boy just laughed at them again.

They were angry with the boy.

□ shepherd boy 양치기 소년
□ village 마을
□ dark 어두컴컴한
□ lonely 외로운
□ bored 심심한, 지겨운
□ think of …을 생각해 내다
□ shout 소리치다, 외치다

□ laugh at …을 비웃다
□ sight 광경, 모습
□ cry 외치다; 외치는 소리
□ chase 쫓다, 사냥하다
□ as before 전처럼
□ be angry with …에 화가 나다

1 **at the sight of** …의 모습(광경)을 보고
Only the shepherd boy was laughing at the sight of their angry
faces. 양치기 소년만이 마을 사람들의 화난 얼굴을 보며 웃고 있을 뿐이었다.

Then one evening, a wolf really came out
from the forest and attacked the sheep.
The boy ran toward the village in terror. ☀
"Wolf! Wolf!" he cried. "A wolf is killing the sheep!
Help! Wolf!"
The villagers heard his cries but they did not run to
help him.
"He is lying again!" they thought.

The wolf killed many sheep and slipped away into [1] the forest.

A liar is never believed. 거짓말쟁이의 말은 아무도 믿지 않는다.

- □ one evening 어느 날 저녁
- □ come out from ···에서 나타나다
- □ attack ···에 달려들다, 공격하다
- □ terror 겁, 무서움, 공포
- □ lie 거짓말하다
- □ be believed 신뢰를 받다

---

1 **slip away into** ··· 속으로 유유히 사라지다
The wolf killed many sheep and slipped away into the forest.
늑대는 많은 양들을 잡아먹은 뒤 유유히 숲 속으로 사라져 버렸다.

Mini-Less ☀ n

in + 명사: ···한 상태로

전치사 in 다음에 명사가 오면 '···한 상태로' 라는 뜻이 되어 부사처럼 쓰인답니다.
여기서는 in 다음에 terror(겁, 공포)가 와서 '겁에 질려' 란 뜻이 되었어요.

- The boy ran toward the village in terror. 양치기 소년은 겁에 질려 마을로 달려갔다.
- The baby is sleeping in peace. 아기가 평화롭게 자고 있다.

The Girl and Her Bucket
아가씨와 우유 통

One morning, a young girl was going to market.
She carried a milk bucket on her head.
"This is good milk," she thought.
"I will sell the milk in the market.
With the money, I'll buy a hen.
The hen will lay eggs, and they will hatch.
Then I'll have many chicks. I'll feed them well.
And at Christmas, I'll sell the chickens.
With the money, I'll buy a lovely new dress.
And I'll wear it to church. [1]
All the young men will want to walk home with me.
But I'll not look at any of them, no!" [2]

- □ bucket 통, 양동이
- □ hen 암탉
- □ lay 알을 낳다 (lay-laid-laid)
- □ hatch (알이) 깨다, 부화하다
- □ chick 병아리
- □ feed …에게 먹이를 주다

- □ chicken 닭
- □ at this moment 바로 이때
- □ shake 흔들다 (shake-shook-shaken)
- □ count (수를) 세다
- □ be hatched (알, 병아리가) 부화하다

1 **wear ... to church** …을 입고 교회로 가다
And I'll wear it to church. 그리고 그걸(= 드레스를) 입고 교회에 가야지.

2 **not ... any of them** 그들 중 아무도 …않다 (= none of them)
But I'll not look at any of them, no! 하지만 아무도 쳐다보지 말아야지, 절대로!

At this moment, she shook her head.

Suddenly, she dropped the milk bucket!

The milk disappeared into the ground.

And her plans for eggs and chickens and a new dress

disappeared with the milk.

Don't count your chickens before they are hatched.

알이 깨기 전에 닭의 숫자를 세지 말라.

 아가씨의 우유 통이 땅에 떨어진 이유는?

  a. 아가씨가 고개를 흔들어서

  b. 아가씨의 발이 돌멩이에 차여서

  c. 닭이 울어서

The Two Travelers and the Bear 두 나그네와 곰

Two men were traveling together through a forest.
A bear suddenly came out of a tree near them.
One ran to a tree and climbed up quickly
into the branches and hid there.
The other man saw no way to escape. ☀
So he threw himself on the ground. [1]
The bear came up to him and put its mouth
to his ear and smelled him.
The man held his breath.
He pretended to be
dead. Because many
people say [2]
bears will not touch
a dead body.
And at last the bear
shook its head
and went away.

Then the traveler in the tree came down and asked his friend, "What did it tell you?"

"He told me," said the other. "Never trust a friend who deserts you in a moment of danger."

Misfortune is the test of true friendship.
어려움을 당해 보면 진정한 친구를 알 수 있다.

- □ traveler 나그네
- □ climb 올라가다
- □ come up to …로 다가오다
- □ hold one's breath …의 숨을 참다
- □ pretend to+동사원형 …인 체하다
- □ touch 건드리다

- □ desert 버리다
- □ in a moment of danger 위험한 순간에
- □ misfortune 어려움, 역경
- □ test 시험의 수단[방법]
- □ friendship 우정

1 **throw oneself on the ground** 자신의 몸을 땅에 던지다, 땅에 엎드리다
So he threw himself on the ground.
그래서 그는 땅에 엎드렸다.

2 **many people say** …라는 말이 있다
Because many people say bears will not touch a dead body.
곰은 죽은 사람을 건드리지 않는다는 말이 있기 때문이다.

Mini-Less✷n

One ... the other ~ : (둘 중에서) 하나는 … 나머지 하나는 ~
사람이나 물건이 둘 있어 그 둘을 구별하여 가리킬 때 하나는 one, 나머지 하나는 the other을 쓰면 된답니다.

• One ran to a tree and climbed up quickly into the branches and hid there. The other man saw no way to escape. 한 명은 재빨리 나뭇가지로 올라가 숨었다. 나머지 한 명은 도망칠 방법을 찾지 못했다.

The Miser and His Gold

구두쇠와 금덩이

Once upon a time, there was a miser.

He buried his gold at the foot of a tree in his garden.

Every day he went there and spent long hours
looking at his gold. [1]

A thief noticed this and one night he dug up the gold
and stole it.

Next day, the miser came to the spot and found
his gold was gone.

He tore his hair, and cried in anger.

One of his neighbors came to him and asked,
"What's wrong?"
The miser talked about his misfortune.
But the neighbor said, "Don't cry. Put a stone into
the hole and take a look at it every day.
Pretend the stone is gold.
It'll be just like when you had the gold. [2]
Because you never spent it when you had it."

Wealth has no value if we don't make use of it.
쓰지 않는 것은 지니고 있어도 소용없다.

□ miser 구두쇠
□ bury 묻다
□ spend (시간을) 보내다, (돈, 물건을)
　쓰다 (spend-spent-spent)
□ thief 도둑
□ notice 알아차리다
□ dig up 파다 (dig-dug-dug)
□ steal 훔치다 (steal-stole-stolen)
□ spot 장소

□ gone 사라진
□ tear 쥐어뜯다 (tear-tore-torn)
□ neighbor 이웃사람
□ take a look at …을 쳐다보다
□ pretend (that) …라고 여기다
□ wealth 부, 재산
□ value 가치
□ make use of …을 사용하다

---

1 **spend + 시간 + ...ing** …하면서 시간을 보내다
Every day he went there and spent long hours looking at his gold.
날마다 그곳으로 가서 자신의 금덩이를 쳐다보며 오랜 시간을 보냈다.

2 **just like** …와 똑같은
It'll be just like when you had the gold.
당신이 금을 가지고 있을 때와 똑같을 거요.

The Father and His Sons

아버지와 아들들

Many years ago, a farmer had three sons.
But they were always quarreling.
One day, the man called his sons together.
Then he asked a servant to bring him a bundle ※
of sticks.
He gave the bundle to his eldest son.
"Now break it!" he said.
The son tried, but he could not break the bundle.
The other sons also tried, but none of them was
successful.
"Now untie the bundle," said the father, "and each of
you takes a stick."
When they had done so, he said to them, [1]
"Now, break the stick!"

They easily broke each stick.

"Now you see," said the father. "If you stand together like a bundle of sticks, you will be strong. [2]

But if you are divided, you will be as weak as a single stick in that bundle."

In unity is strength. 단결 속에 힘이 있다 → 뭉치면 살고 흩어지면 죽는다.

☐ quarrel 싸우다
☐ bundle 묶음, 다발
☐ stick 잘라낸 나뭇가지, 막대
☐ eldest son 큰 아들, 장남
☐ none of them 아무도 …하지 않다
☐ untie (묶은 것을) 풀다

☐ stand together 하나로 힘을 모으다, 단결하다
☐ divided 뿔뿔이 흩어진, 분열된
☐ single 개개의
☐ unity 단일, 결속
☐ strength 힘

[1] **had + 과거분사** (과거완료) 과거보다 이전에 일어난 일을 나타냄

When they had done so, he said to them, "Now, break the stick!"
아들들이 그렇게 하고 나자, 아버지는 아들들에게 "자, 이제 나뭇가지를 부러뜨려라."고 했다.

[2] **if + 주어 + 현재형 동사, 주어 + will/may/can** 만약 …한다면, ～할 것이다

If you stand together like a bundle of sticks, you will be strong.
너희들이 나뭇가지 묶음처럼 뭉치면 강해질 것이다.

Mini-Less‿n

ask + 목적어(A) + to + 동사원형(B): A에게 B하라고 (부탁)하다

• Then he asked a servant to bring him a bundle of sticks.
  그리고 나서 그는 하인에게 나뭇가지 한 묶음을 가져오라고 했다.
• He asked me to close the window.
  그는 나에게 창문을 닫아 달라고 부탁했다.

Check-up Time!

● WORDS

알맞은 단어를 보기에서 골라 문장을 완성하세요.

tore attacked stole watched climbed

1 The wolf _____ the sheep and killed them.

2 The miser _____ his hair and cried in anger.

3 One traveler _____ up into the branches.

4 One night a thief dug up the gold and _____ it.

5 A shepherd boy _____ the village sheep.

● STRUCTURE

알맞은 접속사를 골라 문장을 완성하세요.

1 (If, Until) you stand together, you will be strong.

2 (Then, When) the villagers got there, they found no wolf.

3 The boy tried (but, so) he could not free his hand.

4 Open your hand (and, but) drop some peanuts.

Structure | 1. If 2. When 3. but 4. and

Words | 1. attacked 2. tore 3. climbed 4. stole 5. watched

76 ● Aesop's Fables

● COMPREHENSION

이야기의 흐름에 맞게 순서를 정하세요.

a. A young girl was carrying a milk bucket.

b. Suddenly she shook her head.

c. She was beginning to imagine.

d. The milk disappeared into the ground.

(   ) → (   ) → (   ) → (   )

● SUMMARY

빈 칸에 맞는 말을 골라 이야기를 완성하세요.

A miser buried his gold in his (   ) and spent long hours looking at his gold. One night a thief stole the gold and the miser found his gold was (   ). He cried but one (   ) told him to bury a stone there. Because the miser never (   ) the gold when he had it.

a. gone   b. spent

c. garden   d. neighbor

ANSWERS

The North Wind and the Sun
북풍과 태양

Once upon a time,
the north wind and the sun were arguing.
They could not decide who was more powerful.
Far below, a traveler in a coat passed along the road.
"We shall have a contest," said the sun.
"Let's see who can make that traveler take off [1]
his coat. You try first."
"Very well," said the north wind.
The sun hid behind a cloud.
The north wind at once blew a powerful, cold wind
against the traveler.
The man immediately wrapped the coat closely
around him.

□ argue 싸우다
□ far below 저 멀리 밑에
□ take off (옷을) 벗다
□ hide behind …뒤에 숨다
　(hide-hid-hidden)

□ at once 즉시
□ blow …을 불다
　(blow-blew-blown)
□ immediately 즉시
□ wrap 감싸다

---

[1] **Let's see who can + 동사원형** 누가 …할 수 있는지 알아보자
Let's see who can make that traveler take off his coat.
누가 저 나그네의 외투를 벗길 수 있는지 알아보자.

The harder the wind blew, the tighter the traveler held his coat. ☀

Then the sun came out from behind the cloud.

It began to shine.

At first, it shone gently

and the man unbuttoned his coat.

Then the sun grew warmer and warmer. [1]

Soon the man felt so hot.

He threw his coat on the ground.

The north wind said,

"I recognize you are stronger than me."

Gentleness can be stronger than force.
부드러움이 강함을 꺾는다.

- ☐ tight 단단히
- ☐ shine 비추다
- ☐ at first 처음에는
- ☐ gently 부드럽게

- ☐ unbutton 단추를 풀다
- ☐ recognize 인정하다
- ☐ gentleness 부드러움, 온화함
- ☐ force 힘, 강요

---

[1] **grow + 비교급 + and + 비교급** 점점 더 …해지다

Then the sun grew warmer and warmer. 그러자 태양은 점점 더 뜨거워졌다.

Mini-Less ☀n

See p.99

The + 비교급(A), the + 비교급(B): A하면 할수록 더 B하다

- The harder the wind blew, the tighter the traveler held his coat.
  바람이 심하게 불면 불수록 나그네는 더 단단히 외투를 여몄다.
- The longer the journey is, the more expensive the ticket is.
  여행이 길면 길수록, 표값은 더 비싸다.

The Oak and the Reeds

떡갈나무와 갈대

A giant oak stood near a stream.
Some slender reeds grew there.
When the wind blew,
the great oak stood proudly firm.
But the reeds bowed low in the wind.
The oak tree always thought that he was far stronger
than the reeds. [1]
He said to himself, "I stand upright in a storm.
I don't bend my head in fear when the wind blows. [2]
But these reeds are really so weak."

□ oak 떡갈나무, 참나무
□ reed 갈대
□ proudly 뻐기면서, 의기양양하게
□ bow low 낮게 몸을 숙이다,
　 허리를 굽실거리다
□ say to oneself 혼잣말하다
□ upright 똑바로

□ storm 폭풍
□ bend 굽히다 (bend-bent-bent)
□ uproot …을 뿌리째 뽑다
□ be broken 부러지다
□ fight against …와 싸우다
□ pride 자만심, 우쭐댐
□ fall 떨어짐, 몰락

---

[1] **far stronger than** …보다 훨씬 더 강한
The oak tree always thought that he was far stronger than
the reeds. 떡갈나무는 항상 자기가 갈대들보다 훨씬 더 강하다고 생각했다.

[2] **in fear** 겁에 질려, 두려워
I don't bend my head in fear when the wind blows.
나는 바람이 분다고 두려워서 굽실거리지 않아.

That night a storm blew.

The great oak tree was uprooted and fell among
the reeds.

The oak said to the reeds, "You are so light and weak.

But you were not broken by these strong winds." ☀

The reeds replied, "You fight against the wind,

so you were broken. But we bend before the wind,

so we do not break."

Pride brings a fall. 자만은 화를 부른다.

Mini-Less☀n

수동태: be동사 + 과거분사 + by

I love him.(나는 그를 사랑한다.)과 같은 능동태 문장을 He is loved by me.
(그는 나의 사랑을 받는다.)의 수동태 문장으로 바꾸는 규칙은 ① 능동태 목적어가 수동태
주어로 ② 능동태 동사는 be동사 + 과거분사로 ③ 능동태 주어는 by 뒤에 와서 부사구로 하면 됩니다.

- You were not broken by these strong winds. 너는 이 센 바람에도 부러지지 않았군.
- America was discovered by Columbus. 아메리카 대륙은 콜럼버스에 의해 발견되었다.

Jupiter and the Monkey

쥬피터 신과 원숭이

The forest animals once had a baby show.
The god Jupiter* promised to give a prize to the
most beautiful baby. 신들의 왕인 Jupiter는 해성 중
가장 큰 해성인 '목성'이라는 뜻도 있어요.
All the proud mothers brought their babies
but the proudest of all was Mother Monkey. [1]
She happily showed her baby among the other
contestants.
The animals laughed loudly when they saw
Mother Monkey's precious child.

☐ have a baby show 아기 자랑 대회를 열다
☐ Jupiter (모든 신의 왕인) 주피터, 제우스 신
☐ promise to + 동사원형 …하기로 약속하다
☐ prize 상
☐ proud 자랑스러운, 뻐기는, 의기양양한

☐ contestant (경기 대회의) 출전자,
　 참가자
☐ flat 납작한
☐ sweet 사랑스러운
☐ blind 눈 먼, 맹목적인

---

[1] **the proudest of all** 그 중에서도 가장 의기양양한 것
All the proud mothers brought their babies but the proudest of
all was Mother Monkey.
모든 의기양양한 어미들이 자신의 새끼를 데리고 왔지만, 그 중에서도 가장 의기양양한
동물은 어미 원숭이였다.

[2] **not care if** …이든 아니든 상관하지 않다
"I don't care if you laugh," said Mother Monkey.
어미 원숭이는 "당신들이 웃든 말든 내 알 바 아니에요."라고 말했다.

"Ha, how ugly it is," said the animals. ☀

"Its nose is too flat and its eyes are too big.

And it has no hair!"

"I don't care if you laugh," said Mother Monkey. [2]

"I know Jupiter may not give him the prize.

But he is the sweetest and most beautiful child

in the world."

Mother love is blind.
고슴도치도 제 자식이 제일 귀엽다고 한다.

Mini-Less☀n

감탄문: How + 형용사/부사(+ 주어 + 동사)!

'얼마나(대단한) …인지!'라고 감탄을 할 때에는 「How + 형용사/부사 + 주어 + 동사」를 쓰면
된답니다. 이때 주어 + 동사는 생략해도 돼요.

• "How ugly it is," said the animals. "얼마나 못생겼는지!"라고 동물들은 말했다.
• How beautiful (the flower is)! (꽃이) 얼마나 아름다운지!

Venus and the Cat

비너스 여신과 고양이

A cat fell in love with a handsome young man.
She begged the goddess Venus to change her into [1]
a beautiful woman.
Venus was very generous and changed her into
a beautiful woman.
The young man fell in love with her and decided
to marry her.
The wedding ceremony was performed.
The young couple sat down to the wedding feast.
Suddenly a mouse appeared and the young woman
saw the mouse.
Then she jumped from her chair and tried to catch it.
Venus was disappointed at this and changed [2]
the woman back again into a cat.

Nature will out. 천성은 드러나기 마련이다.

- □ **Venus** (로마 신화) 비너스; 사랑과 미의 여신으로 그리스 신화의 Aphrodite (아프로디테)에 해당
- □ **fall in love** 사랑에 빠지다 (fall-fell-fallen)
- □ **goddess** 여신
- □ **change A into B** A를 B로 변하게 하다
- □ **wedding ceremony** 결혼식
- □ **be performed** 거행되다
- □ **wedding feast** (결혼) 피로연
- □ **nature** 천성
- □ **will out** 드러나다, 알려지다

1 **beg + 목적어(A) + to + 동사원형(B)** A에게 B해 달라고 빌다

She begged the goddess Venus to change her into a beautiful
woman. 그녀(= 고양이)는 비너스 여신에게 아름다운 여자로 변하게 해 달라고 빌었다.

2 **be disappointed at** …에 실망하다

Venus was disappointed at this and changed the woman back
again into a cat. 비너스 여신은 이 모습에 실망해서 여자를 고양이로 되돌려 놓았다.

Hercules and the Wagon Driver

헤라클레스와 마부

Once upon a time,
a wagon driver was
driving his wagon
along a muddy country road.
Suddenly,
one of the wheels
became stuck in a muddy hole. [1]
The wagon driver climbed down
from the wagon.
He looked at the wheel and stamped his foot.
Then he kneeled down and prayed to
Hercules the Strong.
"Oh, Hercules, help me!"
A moment later, Hercules appeared.

☐ Hercules 헤라클레스; 제우스 신과
Alcmene(알크메네) 사이에 태어난 힘이
장사인 영웅
☐ wagon driver 마차를 모는 사람, 마부
☐ climb down from …에서 내려오다
☐ stamp one's foot 발로 땅을 치다
☐ kneel down 무릎을 꿇다

☐ Hercules the Strong 힘(장사)의 신
헤라클레스
☐ get up 일어나다
☐ with all one's strength
온 힘을 다해
☐ whip 채찍을 휘두르다
☐ self-help 스스로를 도움, 자조, 자립

"Man, get up!" he said.

"Push the wheel with all your strength
and whip your horses.

I won't help unless you try to help yourself." [2]

The wagon driver followed the words of Hercules.

Soon he was happily driving his wagon along the
road again.

Self-help is the best help.
자조가 최선의 도움이다. → 하늘은 스스로 돕는 자를 돕는다.

[1] **become stuck in** …에 빠지다
Suddenly, one of the wheels became stuck in a muddy hole.
갑자기 바퀴 중 하나가 진흙 구덩이에 빠지고 말았다.

[2] **unless** …하지 않으면 (= if ~ not)
I won't help unless you try to help yourself.
너 스스로 노력하지 않는 한 나는 너를 도와주지 않을 것이니라.

Hercules and Minerva

헤라클레스와 미네르바 여신

Hercules was once traveling along a narrow road.

He saw an apple on the ground in front of him.

When he passed, he stamped on it with his heel.

To his surprise, it was not crushed,

but it doubled in size.

He hit it again with his club, and then it swelled up

to a great size and filled up the road.

□ **Minerva** (로마 신화) 미네르바: 지혜와
　전쟁의 여신으로 그리스 신화의
　Athena (아테나)에 해당
□ **stamp on** …을 짓밟다
□ **heel** 발뒤꿈치
□ **crushed** 찌부러진
□ **double in size** 크기가 두 배가 되다
□ **club** 방망이, 곤봉

□ **swell** 부풀어 오르다
□ **up to a great size** 아주 크게
□ **fill up** …을 가득 메우다
□ **blow** 때림, 강타
□ **conflict** 갈등, 싸움, 투쟁
□ **violence** 폭력
□ **feed on** …을 먹고 살다
□ **disagreement** 다툼, 불화, 투쟁

1 **leave ... alone** …을 가만 놓아두다, 내버려 두다
　If you leave it alone, it remains small.
　그것을 가만 놓아두면 작아질 것이다.

2 **grow＋형용사의 비교급** 점점 …하게 되다
　But if you use violence, it grows bigger.
　그러나 폭력을 쓰면 그것은 점점 더 커지게 되느니라.

Just then Minerva appeared, and said to him,
"Stop, Hercules. Stop your blows.
The apple's name is conflict.
If you leave it alone, it remains small. [1]
But if you use violence, it grows bigger." [2]

Conflict feeds on disagreement. 갈등은 투쟁을 먹고 산다.

(?) 헤라클레스가 사과를 보았을 때, 제일 먼저 어떻게 했나요?
  a. 주먹으로 쳤다.
  b. 발뒤꿈치로 짓밟았다.
  c. 곤봉으로 쳤다.

Check-up Time!

● WORDS

알맞은 단어를 보기에서 골라 문장을 완성하세요.

heel	wagon	storm

1 The oak stood upright in a _____.

2 One man was driving his _____ along a road.

3 Hercules stamped on an apple with his _____.

● STRUCTURE

빈 칸에 알맞은 단어를 골라 문장을 완성하세요.

1 The cat begged Venus _____ a woman.

   a. changing   b. to change   c. change

2 The god Jupiter promised _____ a prize.

   a. to give   b. give   c. giving

3 You were not _____ by these strong winds.

   a. break   b. broke   c. broken

본문의 내용에 맞게 알맞은 단어를 골라 문장을 완성하세요.

1 _____ made the traveler take off his coat.

   a. The north wind   b. The sun

2 The wagon driver prayed to _____.

   a. Hercules   b. Minerva

3 _____ was uprooted in a big storm.

   a. The reeds   b. The oak tree

● SUMMARY

빈 칸에 맞는 말을 골라 이야기를 완성하세요.

A cat fell in love with a (   ) man and wanted to be a beautiful woman. So (   ) changed the cat into a woman. On her wedding day, she saw a (   ) and tried to catch it. Venus was disappointed and changed her back into a (   ).

a. mouse   b. cat

c. handsome   d. Venus

After
the Story

본문 page 33
본문 page 35

I'm sure your voice is as beautiful as your figure.

분명 당신 목소리도 당신 외모만큼 아름다울 거라고 생각하오.

★   ★   ★

어느 날 아침 배고픈 여우는 길을 가다가 치즈를 물고 나뭇가지에 앉아 있는 까마귀를 발견하게 되죠. 머리가 좋은 여우는 어떻게 하면 그 치즈를 자기 것으로 만들 수 있는지 대번에 알아냅니다. 그리고는 까마귀에게 위와 같이 아첨을 합니다. '…만큼 ~하다'라는 as + 형용사 + as + 명사를 써서 말이죠. 그럼 숲 속 동물 원숭이와 거북이의 대화를 통해 이 표현을 다시 한 번 살펴볼까요?

Monkey

The hare always says he is as swift as the wind.

토끼는 늘 자기가 바람처럼 빠르다고 말해.

Tortoise

Yeah, but he's been beaten by me. He was too confident.

응, 하지만 나한테 졌지. 너무 자만했어.

When we hear the bell ringing, we'll know the cat is coming.

방울 소리가 들리면, 고양이가 오는 것을 알 수 있잖아요.

★ ★ ★

고양이의 시달림을 받은 쥐들. 더 이상 참을 수 없게 된 그들은 회의를 열어 고양이를 몰아낼 방법을 찾다가 한 젊은 쥐가 고양이 목에 방울을 달자는 참신한 아이디어를 내놓죠. '목적어가 …하는 것을 듣다' 라는 뜻의 hear + 목적어 + 현재분사(…ing)로 그 이유를 설명하면서 말이죠. 그럼 이 표현을 까마귀와 개미의 대화로 활용해 볼까요?

Crow

Do you want to hear my song?

노래 한 곡 들려줄까?

Ant

No, thank you.
I heard the grasshopper singing all day long.

고맙지만 됐거든. 하루 종일 베짱이 노래를 들었어.

If you take the bone out for me, I'll give you anything.

뼈를 꺼내 주면, 무엇이든 다 줄게.

★　★　★

늑대는 고기를 먹다가 뼈가 목에 걸리고 맙니다. 늑대는 목이 긴 두루미가 뼈를 꺼내 줄 수 있으리라 생각하고 그에게 부탁을 하지요. 이때 늑대가 한 말이 바로 위의 문장이었어요. 늑대는 '만약 …하면 ~할 것이다' 라고 현재나 미래의 불확실한 상황을 가정하는 조건문, 즉 If + 주어 + 현재형 동사, 주어 + will / may / can + 동사원형으로 두루미에게 달콤한 약속을 한 거죠. 그럼 늑대와 두루미의 또 다른 대화를 보며 이 표현을 자기 것으로 만들어 보세요.

Wolf

I'm thirsty. How can I get water?

목이 말라. 어디 가면 물을 마실 수 있지?

Crane

If you go up to the hill,
you'll find a little stream.

언덕 위로 가면 자그마한 시내가 있을 거야.

The harder the wind blew,
the tighter the traveler held his coat.

바람이 심하게 불면 불수록, 나그네는 더 단단히 외투를 여몄다.

★　★　★

이솝우화에는 내기가 여러 번 등장했는데요, 그 중에서 북풍과 태양의 힘 겨루기, 기억나나요? 북풍은 사나운 바람으로 나그네의 외투를 벗기려고 했지만, 위의 문장처럼 바람이 불면 불수록 나그네는 더욱 단단히 외투를 여몄어요. 위 문장에서 눈여겨 보아야 할 표현은 The + 비교급, the + 비교급인데요, '…할수록 더 ~하다' 라는 뜻이에요. 그럼 아래 대화로 다시 한 번 익혀볼까요?

Poor countryman!
He wanted more golden goose eggs.

불쌍한 사람! 그는 더 많은 황금 알을 원했어.

Hercules

Men are greedy.
The more they have, the more they want.

인간은 욕심이 많지. 많이 가지면 가질수록 더 원해.

Minerva

01

"나는 배부르다"고 했는데 "나는 바보다"고?

[u]는 [우]가 아니라 [워]에 가까워요!

나는 배부르다.(I'm full.)의 full과 나는 바보다.(I'm a fool.)의 fool을 어떻게 구별할까요? 단순히 단모음, 장모음으로 구별하여 full의 u를 [u]/[우]로, fool을 [uː]/[우:]로 발음한다면 원어민은 I'm full.을 I'm fool.로 잘못 알아들을 수도 있을 거예요. 이는 원어민들은 u를 [우]가 아니라 [워]에 가깝게 발음하고 있기 때문이죠. 그럼 본문 21쪽과 29쪽에서 그 예들을 찾아 볼까요?

> He imagined the goose was (①) of gold inside.

① **full** [f훌]이라고 하지 말고 [f훨]에 가깝게 발음해 주세요.

> "I'm a (②)," he said.

② **fool** [f훌]로 발음하지 말고 [우]보다 입술을 좀 더 모으고 힘을 주면서 [f후울]이라고 발음하세요.

02 밀크는 영어가 아니라구요?!

milk처럼 l발음이 받침으로 들어갈 경우에는
[이얼]로 발음하세요.

미국의 식당 종업원에게 "우유 주세요.(Give me some milk.)"라고 할 때 우유를 그냥 [밀크]라고 발음하면 알아듣지 못하는데요, 그건 milk를 발음할 때 [어] 발음을 살짝 넣어서 [미얼ㅋ]라고 발음하지 않았기 때문이랍니다. -il, -ill, -eel, -eal도 [이얼]이라고 발음되니 주의하세요! 그럼 본문 54쪽과 68쪽에서 한번 확인해 볼까요?

One evening, a stray lamb was drinking from a stream at the foot of a (①   ).

① **hill** -ill로 끝나는 단어죠? l 발음은 혀를 윗니와 입천장의 경계점에 갖다 대면서 살짝 밀어준다는 것, 잊지 마세요!

I will sell the (②   ) in the market.

② **milk** [ㄹ] 앞에 [어] 발음을 살짝 넣어
[미얼ㅋ]라고 발음한다는 것, 잊지 마세요!

03 발음이 변했어요!

t 다음에 r이 오는 경우에는 t를 [ㅌ]가 아닌
[ㅊ]로 발음하세요~

t와 r이 만나면 t는 [ㅌ]가 아닌 [ㅊ]라고 발음해야 해요.
try, trip, trouble처럼 말이에요. 이와 마찬가지로 dr로
시작하는 단어, 즉 drive, dream에서 d는 단순히 [ㄷ]가
아니라 [ㅈ]에 가깝게 발음된답니다. 그럼 본문 70쪽에서
그 예들을 확인해 볼까요?

> Two men were (①) together through a
> forest. A bear suddenly came out of a (②)
> near them.

① **traveling** [튜래블링]이라고 발음했나요? 아니에요~ [츄래블
링]에 가깝게 발음해야 돼요. 그건 바로 tr로 시작하는 단어에서는
t를 [ㅌ]가 아닌 [ㅊ]라고 발음해야 하는 규칙 때문이랍니다.
② **tree** [튜리]가 아니라 [츄리]에 가깝게 발음해야 한답니다.

중복은 싫어요!

같거나 비슷한 자음 2개가 연속해서 나오면
한 번만 발음해 주세요.

버스 정류장을 영어로 뭐라고 하나요? [버스 스탑]이라고
하나요? 앞으로는 [버스땁]이라고 하세요. bus의 s와
stop의 s가 같은 자음으로 중복되잖아요? 그러면 원어민
들은 같은 자음 두 개 중 앞의 자음은 발음하지 않고 뒤의
자음만 발음해요. take와 care을 연달아 발음할 때도
take의 ke와 care의 c는 철자는 다르지만 발음이 같기 때
문에 [테이케어]로 발음해야 해요. 그럼 이렇게 중복되는
자음을 본문 91쪽에서 찾아볼까요?

Just then Minerva appeared, and ( )
him, "Stop, Hercules. Stop your blows."

said to said와 to가 연이어 발음될 경우 [새드투]가 아니라 먼
저 오는 자음 d의 [ㄷ] 음이 탈락하여 [새 투]처럼 들립니다.

1장 | 까마귀와 물병

`p.14~15` 어느 무더운 여름 날, 목이 몹시 마른
까마귀가 있었다.

까마귀는 물병 하나를 발견했는데 그 안에는 물
이 조금밖에 없었다. 물병은 길고 입구가 좁았다.
까마귀는 부리를 물병에 들이밀어 보았지만
물에 닿지 않았다.

까마귀는 생각했다. '어떻게 해야 하지? 생각을 해야 해, 생각을!'

그러다가 좋은 수가 떠올랐다.

까마귀는 부리로 자갈을 하나 물어 와서 물병 속에 떨어뜨렸다. 풍덩! 풍덩! 까마귀
는 더 많은 자갈을 물병 속으로 떨어뜨렸다.

마침내 물병의 물이 높이 차올랐다. 까마귀는 시원한 물을 마실 수 있었다.

－필요는 발명의 어머니.

개와 그림자

`p.16~17` 한 때 개 한 마리가 커다란 뼈다귀를 입에 물고 집으로 걸어가고 있었다.
가는 길에 작은 개울에 놓인 징검다리를 건너게 되었다.

개는 멈춰 서서 잔잔한 물을 내려다 보았다. 놀랍게도 또 다른 개 한 마리가 있었다!
그 개도 뼈다귀를 물고 있었다. 그리고 그것은 자기 것보다 훨씬 더 커 보였다.

욕심 많은 개는 '하나보다는 둘이 훨씬 더 낫겠지.' 라고 생각했다.

개는 개울물 쪽으로 머리를 숙여 다른 뼈다귀도 빼앗으려고 했다.

그러나 입을 벌리는 순간, 자신의 뼈다귀가 개울물 속으로 첨벙 떨어져 버리고 말았
다. 그러자 그 개도 사라지고 말았다!

개는 '저 욕심 많은 개가 내 뼈를 가지고 달아났군.' 이라고 생각했다.

개는 슬픈 마음으로 가던 길을 걸어갔다.

－욕심을 부리는 것은 어리석다.

개미와 베짱이

p.18~19 어느 늦여름 날, 베짱이가 춤추면서 노래를 부르고 있다가 개미를 보았다. 개미는 부지런히 곡식을 모아 저장하고 있었다.

베짱이가 말했다. "왜 그렇게 열심히 일을 하니? 이리 와서 나와 놀자. 날씨가 정말 좋잖아."

개미가 대답했다. "난 겨울을 날 곡식을 저장하고 있는 중이야. 너도 그렇게 하는 게 좋을걸."

베짱이는 대답했다. "왜 겨울을 생각하지? 우린 지금 먹을거리가 많아."

베짱이는 계속 춤추고 노래를 불렀고, 개미는 계속해서 일을 했다.

겨울이 오자 먹을 것이 다 떨어진 베짱이는 배고파 죽을 지경이 되었다.

그는 개미의 집을 찾아가서 물었다. "저에게 양식을 나누어 줄 수 있겠습니까? 배고파 죽을 지경이에요."

"너는 지난 여름 내내 춤을 췄잖아. 계속 춤을 추면 되겠군." 개미들은 역겹다는 듯이 말했다. 그러면서 베짱이에게 식량을 주지 않았다.

－항상 어려울 때를 대비하라.

황금알을 낳는 거위

p.20~21 어느 날, 한 시골 남자가 거위 둥지에서 노랗고 반짝반짝 빛나는 알을 하나 발견했다. 그 알은 순금이었다.

"어떻게 이런 일이 일어날 수 있담?"

다음 날 아침, 그는 급히 둥지로 달려갔고 또 다른 황금알을 발견했다.

매일 아침 똑같은 일이 벌어졌다. 이 시골 남자는 황금알을 시장에 내다팔아 부자가 되었다.

그러나 부자가 될수록 점점 더 욕심이 많아졌다. 그는 거위의 뱃속에는 황금이 가득 들어 있을 거라고 상상했다. 그는 거위를 죽여서 한꺼번에 황금을 갖기로 결심했다.

그러나 그가 거위의 배를 갈랐을 때, 그 안에는 아무 것도 없었다. 그리고 소중한 거위도 죽고 말았다.

－지나치게 많은 것을 바라면 모든 것을 잃게 된다.

`p.22~23` 옛날 늘 자신이 빠르다고 자랑하는 토끼 한 마리가 있었다. 그리고 그 토끼는 거북이 보고 너무 느리다고 놀려댔다.

그러던 어느 날 화가 난 거북이 대꾸했다.

"네가 바람처럼 빠르겠지만, 너도 경주에서 질 수 있어."

이 말에 토끼는 웃었다.

"경주에서 진다고? 나는 숲에서 가장 빨라. 아무도 나를 이기지 못해."

거북이 말했다. "내가 널 이길 수 있어. 내가 너랑 경주해서 그걸 증명해 보이겠어."

토끼는 거북이와 경주를 한다는 게 웃기기는 했지만, 찬성했다.

둘은 경주를 할 출발선을 정했다. 그런 다음 결승선을 표시했다.

다음 날 새벽, 토끼와 거북이는 출발선에 섰다. 토끼는 졸린 듯 하품을 했다. 숲 속에 있는 동물들이 경주를 보기 위해 모두 모였다.

`p.24~25` 경주가 시작되었다.

토끼는 이내 거북이를 멀찌감치 따돌렸다. 결승선까지 중간쯤 되는 곳에 도착하자 토끼는 속도를 늦췄다. 그리고 멈춰 서서 거북이 쪽으로 뒤돌아 보았다.

토끼는 생각했다. '저 거북이는 결코 나를 따라잡지 못할 거야. 쉴 시간이 충분해.'

토끼는 드러누워 낮잠을 잤다.

그러나 거북은 걷고 또 걸었다. 거북이는 결코 쉬지 않았다.

얼마 지나자, 거북이는 토끼가 자고 있는 곳을 지나가게 되었다.

토끼는 계속 잠을 잤다.

마침내 거북이는 결승선 가까이 오게 되었다. 둘의 경주를 지켜보고 있던 동물들은 환호성을 질렀고, 이 소리 때문에 토끼는 잠에서 깨어났다. 토끼는 기지개를 켜고 하품을 한 뒤 다시 달리기 시작했다.

하지만 너무 늦었다. 거북이는 결승선을 넘었다. 거북이가 경주에서 이긴 것이다!

－더디더라도 착실히 하면 이긴다.

p.28~29　어느 무더운 여름 날, 여우 한 마리가 숲을 거닐고 있었다. 그러다가 머리 위에서 잘 익은 포도 한 송이를 보게 되었다.

여우는 목이 말랐고, 포도는 즙이 많고 아주 달콤해 보였다.

여우는 말했다. "아, 난 운이 좋아! 이런 더운 날에는 시원한 물보다 저런 포도가 제격이지."

포도는 높은 나무 가지에 매달려 있어서 여우는 뛰어올라야 닿을 수 있었다. 여우가 처음 뛰어올랐을 때는 실패했다. 여우는 여러 번 시도했지만 포도에 닿지 못했다. 마침내 여우는 포기하고 주저앉았다.

여우는 중얼거렸다. "난 바보야. 쓸데 없는 것에 진을 빼다니. 저 포도는 분명 맛이 실 텐데 말이야."

－가지지 못하는 것은 쉽게 싫어한다.

여우와 황새

p.30~31　오래 전, 여우와 황새는 친한 친구였다. 하지만 여우는 장난 치는 것을 좋아했다.

어느 날 여우가 황새에게 말했다. "우리 집에 와서 같이 저녁을 먹자." 황새는 여우의 초대를 기쁘게 받아들였다.

황새가 여우의 집에 도착했다. 여우는 저녁으로 얕은 접시에 수프를 담아왔다. 여우는 쉽게 수프를 핥아 먹을 수 있었다. 그러나 황새는 기다란 부리 끝을 접시에 댈 수만 있을 뿐이었다. 황새는 아무 것도 먹지 못했다. 황새는 배가 고팠고 화가 났다.

이 일이 있은 뒤 얼마 지나지 않아, 황새가 여우를 저녁 식사에 초대했다.

여우가 시간에 맞춰 황새의 집을 찾아갔다. 황새는 냄새가 맛있게 풍기는 생선 요리를 준비하고 있었다. 여우는 맛있는 음식 생각에 입맛을 다셨다.

하지만 음식은 목이 좁은 기다란 병에 담겨 나왔다. 황새는 기다란 부리로 마음껏 음식을 먹을 수 있었다. 하지만 여우의 주둥이는 병 안에 들어가지 않았다. 여우는 병 목만 핥을 뿐이었다.

－준 대로 받는다.

p.32~33 어느 날 아침, 여우 한 마리가 나뭇가지에 앉아 있는 까마귀 한 마리를 보게 되었다. 까마귀는 부리에 먹음직스러워 보이는 치즈 한 덩어리를 물고 있었다.

여우는 생각했다. '좋은 아침거리가 되겠군. 그리고 난 저걸 차지하는 방법을 알고 있지.'

여우는 나무 밑으로 다가가 말했다. "좋은 아침이야, 까마귀 양. 오늘따라 무척이나 아름다워 보이시는군요. 깃털은 눈부시고 눈은 반짝반짝 빛나는군요. 목소리도 그대의 모습만큼이나 아름다울 것 같은데. 제발 나를 위해 노래를 불러 주오!"

까마귀는 고개를 들고 까옥까옥 요란스럽게 울어대기 시작했다. 하지만 까마귀가 입을 열자, 치즈 조각은 땅에 떨어지고 말았다.

여우는 재빨리 치즈를 낚아채서 집어삼키며 말했다. "맛있군! 그대는 매우 아름다우나 별로 영리하지는 못하군."

—아첨꾼의 말은 믿지 말라.

고양이 목에 방울 달기

p.34~35 옛날에 아주 사나운 고양이가 있었다. 고양이는 쥐들을 차례차례 잡아 먹었다.

무슨 조치를 취해야 했다! 그래서 쥐들은 회의를 열기로 결정했다.

쥐들은 이런 저런 말들을 했다. 마침내 한 젊은 쥐가 입을 열었다.

"좋은 수가 있습니다. 아주 간단해요. 고양이 목에 방울을 다는 겁니다. 방울 소리가 들리면 고양이가 오는 걸 알 수 있잖아요."

쥐들은 전부 이 계획에 환호했다. 쥐들은 몹시 흥분했고, 자신의 행운을 축하하기 시작했다.

그때 한 지혜로운 늙은 쥐가 일어나더니 말했다.
"저 젊은 쥐의 계획은 참으로 좋아. 하지만
누가 고양이 목에 방울을 달지?"

쥐들은 서로를 쳐다볼 뿐 아무도
말이 없었다.

—제안하기는 쉽지만 실천은 어렵다.

개구리와 황소

p.36~37　황소가 연못으로 갔다. 황소는 실수로 새끼 개구리 형제들을 밟게 되었다. 한 마리만 남고 모두 죽었다.

운이 좋은 새끼 개구리는 재빨리 어미 개구리에게 달려가 이 끔찍한 소식을 전했다.

"엄마, 엄마! 커다란 괴물이 무지막지한 발로 우리 형제들을 밟아 버렸어요!" 하고 새끼 개구리가 소리쳤다.

"커다란 괴물이라고?" 어미 개구리는 자신의 몸을 크게 부풀리면서 이렇게 물었다. "이만큼 컸니?"

"아뇨, 훨씬 컸어요!" 새끼 개구리가 소리쳤다.

어미 개구리는 몸을 훨씬 더 크게 부풀리며 말했다. "음, 이만했니?"

"아뇨, 그것보다 더 컸어요!" 새끼 개구리가 소리쳤다.

엄마 개구리는 점점 더 몸을 크게 부풀렸다. 그러다가 갑자기 터져 죽고 말았다!

−불가능한 것을 무리하게 하지 말라.

개와 수탉과 여우

p.38~39　한 농장에서 자란 개와 수탉이 있었다. 둘은 가장 친한 친구였다. 둘은 세상 구경을 하고 싶어했다. 그래서 어느 날 둘은 농장을 떠났다. 둘은 하루 종일 숲을 여행했다.

그날 밤, 둘은 잠자리를 찾기 시작했다. 그들은 곧 안전해 보이는 속이 빈 나무를 찾았다. 개는 나무 밑동의 구멍 안으로 들어갔다. 수탉은 높은 나뭇가지에 올라갔다. 둘은 곧 깊이 잠들었다.

p.40~41　이튿날 새벽이 되자 수탉은 잠에서 깨어났다. 수탉은 여느 때처럼 목청껏 울어댔다.

그 소리 때문에 근처에 사는 여우가 잠에서 깼다. 여우는 수탉이 맛있는 아침거리가 되겠다고 생각했다. 여우는 수탉이 있는 나무 밑으로 급히 달려와 말했다.

"우리 숲에 온 걸 환영하는 바이야. 만나게 돼서 반가워. 참 훌륭한 목소리를 지녔군. 우리 친구가 되는 게 어때?"

그러자 수탉은 이렇게 대답했다. "아, 그래. 나무 밑에 있는 구멍으로 가 볼래? 내

하인이 너를 들여보내 줄 거야."

배고픈 여우는 수탉이 시키는 대로 했다. 여우가 나무 구멍에 고개를 디밀었다. 그러자 개가 달려들어 여우를 물어뜯고 말았다.

－다른 사람을 속이려다 자신이 속고 만다.

3장 ┃ 사자와 생쥐

p.46~47 하루는 사자가 숲 속에서 잠을 자고 있었다. 작은 생쥐 한 마리가 사자 등 위를 오르락내리락했다. 사자는 잠에서 깨어났고 앞발로 생쥐를 잡아챘다.

"오 사자님." 불쌍한 생쥐는 애원했다. "제발 이번 한 번만 저를 용서하세요. 언젠가는 은혜를 갚을게요."

사자는 웃음을 터뜨렸다. 어떻게 생쥐가 사자처럼 힘센 동물을 도와줄 수 있단 말인가? 하지만 사자는 생쥐를 놓아주었다.

며칠 뒤 사자는 사냥꾼이 쳐놓은 그물에 걸리고 말았다. 사자는 빠져 나오려고 애썼다. 그는 사납게 으르릉거렸다.

생쥐가 으르릉거리는 소리를 듣고 그 사자라는 것을 알았다. 생쥐는 소리가 나는 곳으로 달려와서 그물의 밧줄을 갉기 시작했다.

사자는 이내 자유의 몸이 되었다!

"보세요." 작은 생쥐가 말했다. "생쥐도 사자를 도울 수 있답니다."

－친절을 베풀면 보답 받는다.

늙은 사자

p.48~49 어느 날, 늙은 사자가 자신은 너무 힘이 빠져 먹이 사냥을 할 수 없다고 생각했다. 그러나 비록 사자가 늙긴 했어도 영리했다. 사자는 자신의 먹잇감들이 제 발로 찾아오게 하기로 결심했다.

사자는 집으로 오면서, 동물들에게 자신이 곧 죽게 될 것 같다고 말했다.

동물들은 사자가 딱해 보였다. 그들은 차례차례 동굴 속 사자에게 병문안을 갔다. 염

소가 가서 오랫동안 그 안에 머물렀다. 이어 양이 들어갔고, 송아지가 들어갔다.

곧 사자는 살이 쪘고 더 이상 힘이 없지도 않았다.

p.50~51　어느 날, 꾀 많은 여우가 동굴로 갔다. 여우는 동굴 바깥에서 한참 서 있다가 사자를 불렀다. "몸은 좀 괜찮으십니까?"

그러자 사자가 물었다. "여우 선생인가? 왜 안으로 들어오지 않는 겐가? 나는 너무 힘이 없어서 밖에 나가 자네를 맞이할 수가 없다네. 난 곧 죽을 것 같네."

사자가 말을 하는 사이, 여우는 동굴 앞 땅을 자세히 살폈다.

여우가 대답했다. "아뇨. 들어가지 않겠습니다. 당신 집으로 들어간 동물들 발자국은 많이 보입니다. 그런데 밖으로 나온 건 하나도 없어요. 다른 동물들이 다시 나올 때까지 바깥에서 기다리고 있겠습니다."

－지혜로운 사람은 남의 불행을 보고 위험을 안다.

늑대와 두루미

p.52~53　어느 날, 늑대가 고기를 먹다가 목에 뼈가 걸렸다. 뼈를 삼킬 수도 뱉을 수도 없었다.

그래서 늑대는 두루미에게 달려갔다. 두루미는 목과 부리가 기니까 쉽게 뼈를 꺼내줄 수 있을 거라고 생각했다.

늑대는 말했다. "뼈를 꺼내 준다면 뭐든지 다 줄게."

두루미는 찬성했고 입을 크게 벌리라고 했다. 그리고 늑대의 목구멍 안으로 긴 부리를 집어넣었다. 마침내 두루미는 뼈를 꺼내 주었다.

그러나 늑대는 그냥 가버렸다.

"이봐!" 두루미가 소리쳤다. "대가는 어떻게 된 거야?"

늑대는 이빨을 드러내며 싱긋 웃더니 말했다. "그 정도로 만족하게. 내 입에서 자네 머리가 무사히 나가도록 해 주었어. 보답은 그것으로 충분하지 않은가?"

－악한 자를 도와주고는 보답을 바라지 말라.

늑대와 어린 양

p.54~55　어느 날 저녁, 길 잃은 어린 양 한 마리가 산 기슭에 있는 시냇물에서 물을 마시고 있었다. 배고픈 늑대가 언덕 위쪽의 시내에 물을 마시러 왔다가 양을 보게 되었다.

늑대는 생각했다. '저기 저녁거리가 있군. 하지만 먼저 핑계거리를 찾아야겠는걸.'

늑대는 양을 불렀다. "이봐, 네가 이 물을 진흙투성이로 만들고 있어. 너 한번 혼나 봐야겠다."

그러자 양이 대답했다. "하지만 그건 불가능해요. 당신은 시내 위쪽에 있고 저는 그 밑에 있으니까요. 물은 당신이 있는 곳에서 밑으로 흘러 제 쪽으로 와요."

늑대가 말했다. "음 그렇다면, 네가 작년에 나에 관해 거짓말을 하고 돌아 다닌다고 들었다."

양이 말했다. "아니에요, 안 그랬어요! 저는 그때 태어나지도 않았어요."

늑대가 말했다. "상관없어. 네가 아니었다면, 네 형이겠지! 그러니까 네 형을 혼내 주기 위해 너를 잡아먹어야겠다."

그리고 늑대는 달려 내려와 어린 양을 낚아채서 단숨에 먹어 버리고 말았다.

－악한 자는 항상 악한 짓을 저지를 구실을 찾는다.

아기 게와 엄마 게

p.56~57　어느 날, 엄마 게가 아들 게와 함께 바닷가를 걷고 있었다. 엄마 게는 아들 게가 걷는 것을 지켜보다가 물었다.

"왜 그렇게 옆으로 걷니? 똑바로 걸어야지!"

아기 게는 똑바로 앞으로 걸으려고 했지만, 그러지 못했다.

아기 게가 말했다. "어떻게 걸어야 하는지 방법을 모르겠어요, 엄마. 한번 똑바로 걸어보세요! 배우고 싶어요."

그래서 엄마 게는 앞으로 걸어 보려고 했지만 옆으로 걷게 되었다. 엄마 게는 계속 앞으로 걸어 보려고 애썼지만, 그럴 수가 없었다. 결국 엄마 게는 발에 걸려서 엎어지고 말았다.

－말보다 행동이 먼저.

`p.58~59` 어느 날, 독수리가 초원에 있는 새끼 양을 보았다. 독수리는 내려와서 양을 발톱으로 낚아채고는 자신의 둥지로 날아갔다.

이 광경을 본 갈가마귀가 생각했다. '나도 저 독수리만큼 힘이 세지! 나도 저녁으로 양을 잡아 먹어야겠다.'

그래서 갈가마귀는 한 커다란 양의 등 위에 내려앉았다. 그러나 다시 날아가려고 해 보았지만, 그럴 수가 없었다.

갈가마귀는 울부짖었다. "이 양은 너무 무거워. 나도 저 독수리처럼 작은 놈을 골라야겠어."

그러나 갑자기 자신의 발톱이 양털에 감겨 빠져나갈 수가 없다는 것을 알게 되었다.

양치기가 이 광경을 보고 무슨 일이 벌어졌는지 알았다. 그는 이 새를 잡아서 날개를 잘라 버렸다. 그날 저녁 양치기는 갈가마귀를 자신의 아이들에게 주었다.

아이들은 "정말 재미있게 생긴 새예요! 이 새의 이름이 뭐죠, 아빠?"라고 물었다.

그러자 양치기는 대답했다. "이 새는 갈가마귀야. 그런데 자신을 독수리로 착각하고 있어."

―자신의 능력을 과대평가하지 말라.

4장 | 소년과 땅콩

`p.62~63` 어느 날, 한 소년이 단지에 담긴 맛있는 땅콩을 보게 되었다. 땅콩이 아주 맛있어 보여서 갑자기 배가 고파졌다.

소년은 물었다. "엄마, 땅콩 좀 먹어도 되나요?"

엄마는 "그래, 하지만 너무 많이 가지지는 말아라."라고 했다.

소년은 한 손을 단지의 좁은 목 안으로 집어넣고서 땅콩을 한 움큼 집었다. 다시 손을 빼려고 했으나 병목이 너무 좁았다. 소년은 계속 손을 빼내려고 했으나 그럴 수가 없었다. 소년은 울기 시작했다.

그때 엄마가 말했다. "아들아, 손을 펴고 땅콩을 좀 놓으렴. 그러면 손이 쉽게 빠져나올 거다."

―한꺼번에 너무 많은 것을 가지려고 하지 말라.

p.64~65 옛날에 양치기 소년이 어두운 숲 근처의 산 기슭에서 마을 사람들의 양을 돌보았다. 양치기는 외로웠다.

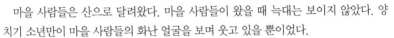

종종 심심하기도 했다.

어느 날 양치기에게 어떤 계획이 떠올랐다. 마을 사람들에게 장난을 치기로 한 것이다.

그는 마을 쪽으로 달려갔다. 그리고 소리쳤다.

"늑대다, 늑대다! 여기 늑대가 나타났다!"

마을 사람들은 산으로 달려왔다. 마을 사람들이 왔을 때 늑대는 보이지 않았다. 양치기 소년만이 마을 사람들의 화난 얼굴을 보며 웃고 있을 뿐이었다.

마을 사람들은 "얘야, 늑대가 나타나지도 않았는데, 늑대가 나타났다고 외치지 말거라."라고 말하며 다시 마을로 내려갔다.

며칠 뒤 소년은 또 소리쳤다. "늑대다, 늑대! 늑대가 양들을 뒤쫓고 있어요!"

저번처럼 마을 사람들은 소년을 도우러 달려왔다. 그러나 또 양치기 소년이 자신들을 보고 웃고 있을 뿐이었다. 마을 사람들은 소년에게 화가 났다.

p.66~67 그러던 어느 날 저녁, 진짜로 늑대가 숲에서 나타나 양들에게 달려들었다.

양치기 소년은 겁에 질려 마을로 달려 내려가며 소리쳤다.

"늑대다! 늑대! 늑대가 양들을 잡아먹고 있어요! 도와주세요! 늑대가 나타났다!"

마을 사람들은 양치기 소년이 외치는 소리를 들었지만, 도우러 달려가지 않았다. 그들은 '또 거짓말을 하고 있군!' 이라고 생각했다.

늑대는 많은 양들을 잡아먹은 뒤 유유히 숲 속으로 사라져 버렸다.

– 거짓말쟁이의 말은 아무도 믿지 않는다.

p.68~69 어느 날 아침, 젊은 아가씨가 시장으로 가고 있었다. 그녀는 머리에 우유 통을 이고 있었다. 아가씨는 공상에 빠졌다.

'이 우유는 좋은 우유야. 우유를 시장에 팔 거야. 판 돈으로 암탉을 사야지. 그 암탉이 달걀을 낳을 거고 곧 부화되겠지. 그러면 병아리가 많이 생길 거야. 모이를 줘서 병아리를 잘 길러야지. 그리고 크리스마스 때, 그 닭들을 시장에 팔 거야. 그 돈으로 예쁜 새 드레스를 사야지. 그리고 그걸 입고 교회에 갈 거야. 동네 청년들이 나와 같이 집으로 걸어가길 원하겠지. 하지만 난 아무도 쳐다보지 않을 거야, 절대!'

이때 아가씨는 고개를 흔들었다. 갑자기 우유 통이 떨어지고 말았다! 우유는 땅 속으로 스며들어 버렸다. 그리고 달걀과 닭과 새 드레스의 꿈도 우유와 함께 사라지고 말았다.

－알이 깨기 전에 닭의 숫자를 세지 말라.

두 나그네와 곰

 두 남자가 숲 속을 여행하고 있었다. 갑자기 나무 뒤에 있던 곰이 두 사람 근처로 튀어나왔다.

한 사람은 재빨리 나무에 올라가 나뭇가지 사이로 몸을 숨겼다. 다른 한 사람은 도망칠 방법이 없었다. 그래서 그는 땅에 푹 엎드렸다.

곰이 그 사람에게 다가와 남자의 귀에 입을 대고 냄새를 맡았다.

남자는 숨을 참았다. 죽은 시늉을 했다. 왜냐하면 곰은 죽은 사람을 건드리지 않는다는 말이 있기 때문이다. 마침내 곰은 머리를 흔들더니 가버렸다.

그러자 나무 위에 있던 여행자가 내려와 친구에게 물었다. "곰이 자네에게 뭐라고 하던가?"

다른 여행자가 대답했다. "곤경에 빠졌을 때 혼자만 살겠다고 도망치는 친구는 절대 믿지 말라고 하더군."

－어려움을 당해 보면 진정한 친구를 알 수 있다.

구두쇠와 금덩이

옛날에 한 구두쇠가 있었다. 그는 자신의 뜰에 있는 나무 밑에 금덩이를 묻어두었다. 그 구두쇠는 하루도 거르지 않고 그곳으로 가서 금덩이를 쳐다보며 오랜 시간을 보냈다.

한 도둑이 이를 눈치채고 어느 날 밤 땅을 파고는 금덩이를 훔쳐 달아나 버렸다.

다음날 구두쇠는 그곳으로 갔다가 자신의 금덩이가 없어진 것을 알았다. 그는 머리를 쥐어뜯으며 화가 나서 울부짖었다.

이웃 사람 하나가 다가와 물었다. "무슨 일이시오?"

구두쇠는 자신에게 일어난 불행한 사연을 이야기해 주었다.

그러나 이웃사람은 이렇게 말했다. "울지 마시오. 그 구멍에 돌덩이를 하나 가져다놓고 매일 보시오. 그러면 금덩이를 잃어버리기 전과 같으리라. 당신은 금덩이를 가지고 있을 때 쓰지도 않았으니까요."

　　　　　　－쓰지 않는 것은 지니고 있어도 소용없다.

아버지와 아들들

`p.74~75`　오래 전, 한 농부에게 세 아들이 있었다. 그러나 세 아들은 항상 싸웠다.

어느 날, 아버지는 세 아들을 한자리에 불러모았다. 그런 다음 하인을 시켜 나뭇가지 한 묶음을 가져오게 했다.

아버지는 나뭇가지 한 묶음을 큰아들에게 주며 말했다. "자, 이걸 부러뜨리거라!"

큰 아들은 힘을 써보았지만 나뭇가지를 부러뜨릴 수 없었다. 나머지 두 아들도 해보았지만 모두 실패했다.

아버지가 말했다. "자, 이제 그 묶음을 풀어서 한 가닥씩 가지거라."

세 아들 모두 아버지가 시키는 대로 하자 아버지가 말했다. "이제 꺾어보아라!"

세 아들 모두 나뭇가지를 쉽게 꺾을 수 있었다.

아버지가 말했다. "자 보았겠지? 너희들이 이 나뭇가지 묶음처럼 뭉치면 강해질 것이다. 하지만 너희들이 뿔뿔이 흩어지고 만다면 한 가닥의 나뭇가지처럼 아주 약한 존재가 될 것이다."

　　　　　　－뭉치면 살고 흩어지면 죽는다.

5장 │ 북풍과 태양

`p.78~79`　옛날에 북풍과 태양이 다투고 있었다. 누가 더 힘이 센지 정할 수가 없었다. 저 밑에는 외투를 입은 한 나그네가 지나가고 있었다.

태양이 말했다. "그럼 내기를 해보자. 누가 저 나그네의 외투를 벗길 수 있는지 알아보자. 네가 먼저 해봐."

"좋아." 북풍이 말했다.

태양은 구름 뒤에 숨었다. 북풍은 갑자기 나그네에게 차갑고도 세찬 바람을 불어대기 시작했다.

`p.80~81` 남자는 즉시 외투로 몸을 감쌌다. 바람이 강하게 불면 불수록 나그네는 외투를 더욱 꼭 여몄다.

이번에는 태양이 구름 뒤에서 나왔다. 태양은 볕을 내려 보내기 시작했다. 처음에는 부드러운 햇살이 내리쬐자 나그네는 외투의 단추를 풀었다. 이윽고 햇볕은 점점 더 뜨거워졌다. 나그네는 이내 몹시 더워졌다. 그는 외투를 벗어 땅에 던졌다.

북풍이 말했다. "네가 나보다 더 힘이 센 걸 인정해."

－부드러움이 강함을 꺾는다.

떡갈나무와 갈대

`p.82~83` 한 시냇가에 커다란 떡갈나무가 서 있었다. 거기엔 가느다란 갈대들도 자라고 있었다. 바람이 불어도 커다란 떡갈나무는 당당히 서 있었다. 그러나 갈대들은 바람에 허리를 굽실거렸다.

떡갈나무는 항상 자기가 갈대들보다 훨씬 더 강하다고 생각했다.

나무는 혼자 중얼거렸다. "나는 폭풍 속에서도 똑바로 서 있지. 바람이 분다고 두려워서 굽실거리지는 않아. 하지만 저 갈대들은 정말 약해."

그날 밤 폭풍이 불어 닥쳤다. 그 커다란 떡갈나무는 뿌리가 뽑혀 갈대들 사이로 쓰러졌다.

떡갈나무는 말했다. "너희들은 가볍고 힘도 없어. 그런데 이 센 바람에도 부러지지 않았군."

갈대가 대답했다. "너는 바람과 싸우지. 그래서 부러진 거야. 하지만 우리는 바람에 몸을 굽실거리기 때문에 부러지지 않는 거야."

－자만은 화를 부른다.

쥬피터 신과 원숭이

p.84~85 한 번은 숲 속 동물들이 새끼 자랑 대회를 열었다. 쥬피터 신은 가장 예쁜 새끼에게 상을 내리겠다고 약속했다.

자신의 새끼를 자랑스러워 하는 동물들이 모두 새끼를 끌어안고 왔지만, 그 중에서 가장 자랑스러운 태도를 보이는 건 어미 원숭이였다. 어미 원숭이는 자신의 새끼를 다른 동물들에게 내보였다. 그러나 어미 원숭이가 그토록 소중히 여기는 새끼를 본 순간 동물들은 크게 웃음을 터뜨렸다.

"하, 어쩜 저렇게 못생길 수가! 코는 정말 납작하고 눈은 얼마나 큰지. 게다가 털도 없잖아!"

그러자 어미 원숭이가 말했다. "당신들이 웃든 말든 난 상관하지 않아요. 쥬피터 신께서 내 새끼에게 상을 주시지는 않겠지요. 하지만 어미의 눈에는 자기 새끼가 이 세상에서 가장 예쁘고 사랑스럽답니다."

－고슴도치도 제 자식이 제일 귀엽다고 한다.

비너스 여신과 고양이

p.86~87 한 고양이가 잘생긴 청년에게 반하고 말았다. 고양이는 비너스 여신에게 아름다운 여자로 변하게 해달라고 빌었다. 여신은 굉장히 관대하여 고양이를 아름다운 여인으로 만들어 주었다.

청년은 이 여자를 보자 사랑에 빠졌고 결혼하기로 결심했다.

결혼식이 진행되었다. 젊은 부부는 피로연에 앉아 있었다. 갑자기 쥐 한 마리가 나타났고, 신부가 이를 보았다. 그러자 신부는 의자에서 뛰어올라 쥐를 잡으려고 했다.

여신은 이 모습에 실망을 했고, 여자를 고양이로 되돌려 놓았다.

－천성은 쉽게 고치지 못한다.

헤라클레스와 마부

p.88~89   옛날에 한 마부가 진흙투성이 시골 길을 따라 마차를 몰고 있었다. 갑자기 바퀴 하나가 진흙 구덩이에 빠지고 말았다. 마부는 마차에서 내렸다. 그는 바퀴를 살펴보더니 발로 땅을 쳤다. 그리고는 무릎을 꿇고 장사 헤라클레스에게 기도했다.

"오, 헤라클레스시여, 저를 도와주소서!"

잠시 후 헤라클레스가 나타나 이렇게 말했다.

"남자여, 일어서거라! 온 힘을 다해 바퀴를 밀고, 채찍으로 말들을 후려쳐라. 너 스스로 노력하지 않는 한 나는 너를 도와주지 않을 것이니라."

마부는 헤라클레스가 시키는 대로 했다. 그는 곧 가던 길을 따라 다시 즐겁게 마차를 몰 수 있었다.

-하늘은 스스로 돕는 자를 돕는다.

헤라클레스와 미네르바 여신

p.90~91   한 번은 헤라클레스가 좁은 길을 가고 있었다. 그러다 발 밑에 떨어져 있는 사과를 보게 되었다.

헤라클레스는 지나가면서 사과를 발로 밟았다. 그러자 놀랍게도 사과는 뭉개지지 않고 두 배로 커졌다. 헤라클레스가 방망이로 다시 사과를 치자, 사과는 커다랗게 부풀어 올라 길을 막았다.

그때 미네르바 여신이 나타나더니 이렇게 말했다.

"멈추어라, 헤라클레스여. 치지 말거라. 이 사과의 이름은 갈등이란다. 가만 놓아두면 작아질 것이다. 하지만 폭력을 쓰면 점점 커져 버리게 되느니라."

-갈등은 투쟁을 먹고 산다.